Franziskus Kerssenbrock
Das schönste Ende der Welt
Kabinettstücke aus Kapstadt

Franziskus Kerssenbrock

Das schönste Ende der Welt
Kabinettstücke aus Kapstadt

Picus Lesereisen

Picus Verlag Wien

In Liebe für Andrea und Max

Informationen über das aktuelle Programm
des Picus Verlags und Veranstaltungen unter
www.picus.at

Inhalt

Zwei Seelen, ach!
*Weshalb so leicht vergessen wird, dass das Kap der Guten
Hoffnung auch jenes der Stürme ist* 9

Kapstadt, deine Küchen
*Auf der Suche nach der unverwechselbaren
Kapcuisine* 17

Der Straßenkämpfer
*Wie der Buchhändler Erwin Friedman im Alleingang
die Long Street rettete* 23

Ein Ort des Stolzes
*Die South African National Gallery ermöglicht einen
anderen Blick auf afrikanische Kunst und Kultur* 31

Company's Gardens
*Eine Karriere vom Gemüsegarten zur grünen Agora
der Stadt* 37

Das verlorene Herz
Wie das Erbe des zerstörten District Six gepflegt wird 42

Mitten im Leben
*Die Rückkehr des Hafens in die Stadt als Zeichen des
Aufbruchs* 50

Im Zeichen des Propheten
Das Bo-Kaap, pittoresk, islamisch und ein wenig fremd ... 56

Die im Schatten
*Lange Zeit terra incognita, öffnen sich die Townships
langsam auch Besuchern* 64

Art Deco und Kap Barock
Ein architektonischer Streifzug durch Kapstadt 72

Kap der Mysterien
Von verdammten Seelen und einem Heiligen Ring 79

Armed Response
*Über das drängende Problem mit Diebstahl, Raub und
Totschlag* 87

Der Berg ruft
*Von Wettervorhersagen, Tischtüchern und
Elefantenverwandten* 91

Im Abseits
*Den Vierteln Woodstock, Observatory und Salt River
stehen die großen Veränderungen noch bevor* 99

Die Insel der Verfemten
Wie Robben Island zum Symbol des Unrechts wurde 106

Gib dem Affen keinen Zucker
*Die wilden Streiche der Paviane am Kap. Und wie man
versucht, sie unter Kontrolle zu halten* 112

Fynbos, Crayfish und Perlemoen
Kleines Brevier der Kapflora und -fauna 119

Wo der Wein wächst
Wie sich das neue Südafrika auf die Winzer auswirkt 125

Zwei Seelen, ach!

*Weshalb so leicht vergessen wird, dass das Kap der
Guten Hoffnung auch jenes der Stürme ist*

»Ich habe den Fuji gesehen, die Bucht von San
Francisco, Rom und die Amphitheater, Topkapi
und Istanbul, aber nichts, nichts kann sich mit der
berauschenden Schönheit Kapstadts und des Berges messen«, singt Abdullah Ibrahim. Es ist eine
sehr persönliche Liebeserklärung an seine Heimatstadt, die der Jazzmusiker da mit heiserer
Stimme formuliert. Eine, die von Schmerz durchsetzt ist. Dem Schmerz, lange, zu lange nicht in
Kapstadt gewesen zu sein. In der schönen Stadt.

Abdullah Ibrahim ist nicht der Einzige, der die
Schönheit Kapstadts besingt. Er ist einer von vielen. Im Grunde genommen sind die Berichte, die
Elogen auf die Pracht der Bucht und der Landschaft am Kap älter als die Stadt selbst.

Bereits 1580 verfällt das anerkannte Raubein
Sir Francis Drake, ein erfahrener Weltenbummler,
in den Gebrauch von Superlativen. Es sei das
schönste Kap, das er auf seiner Weltumsegelung
gesehen habe, diktierte Ihrer Majestät Freibeuter
ins Logbuch. In Kapstadt wird er bis heute oft
und gerne zitiert.

Der erste detaillierte Bericht wird erst einige
Zeit später niedergeschrieben. Nicht so sehr ein
Bericht als vielmehr eine Lobeshymne, verfasst

von dem niederländischen Kaufmann Leendert Janzen. 1647 erleidet er ausgerechnet am Kap Schiffbruch und muss mitsamt der Mannschaft und der geretteten Ladung ein Jahr lang auf ein neues Schiff der Vereenigde Nederlandse Go-Octroeerde Oostindische Compagnie (VOC), der Vereinigten Niederländischen Ostindischen Kompanie, warten.

Ein Jahr, das der Kaufmann ganz offensichtlich genießt. Dabei ist er nicht einmal der erste Schiffbrüchige an der südafrikanischen Küste, nicht einmal am Kap. Dafür ist er der Erste, der die Vorteile der Lage des Kaps auf dem Weg nach Indien erkennt. Und darüber hinaus eben auch die Schönheit. Seither reißen die rühmenden Berichte über Kapstadt nicht mehr ab.

Zu Recht. Seine Schönheit ist seine herausragende Eigenschaft. Das Kap ist schön. Berückend schön. Ein harmonischer, ein gelungener Dreiklang aus Ozean, Berg und Stadt. Es ist so schön, dass man darüber leicht vergisst, sich in einer Metropole mit annähernd vier Millionen Einwohnern zu befinden. In einer der am schnellsten wachsenden Städte Afrikas.

»Du wirst sehen, du kommst wieder«, sagt Basil. »Es gibt nur zwei Möglichkeiten, entweder du kommst nie wieder – was unwahrscheinlich ist. Oder du wirst süchtig nach Kapstadt.« Basil spricht aus Erfahrung. Er ist in den Siebzigern nach Kapstadt gekommen. Direkt von einer kleinen griechischen Insel irgendwo in der Ägäis. Seither ist er in Kapstadt. Erst als illegaler Immi-

grant, seit 1993 mit der Staatsbürgerschaft versehen, naturalisiert.

»Schau«, sagt Basil, »schau den Berg an. Schau
dir diese Häuser an, schau dir den Himmel an. So
etwas findest du nirgendwo wieder. Vielleicht in
Rio oder in San Francisco. Aber sonst nirgendwo.«
Basil hat Kapstadt – sieht man von einigen kurzen
Abstechern nach Griechenland ab – nie wieder
verlassen.

Er sitzt am Greenmarket Square. Im Zentrum
der Stadt. Ringsum ragen Art-Deco-Gebäude empor. Gerade das alte Rathaus ist im kapholländischen Stil gehalten. Basil lacht und schwatzt und
grüßt und gestikuliert. Er kennt Gott und die Welt
in Kapstadt. Wenigstens rund um den Greenmarket Square. Er ist ein Teil der Stadt geworden. Basil, der Grieche im Sarong, der eigentlich ein altes
Leintuch ist, das er sich um die Hüften wickelt.
Basil, der Buddhist, der am Kap jene Freiheit gefunden hat, die ihm im Griechenland der Obristen
verwehrt war. Basil der Friseur, der Geschick im
Umgang mit den zahlreichen Models der Stadt
beweist und mit ihren Forderungen, schön sein zu
müssen für den Job. Mit Schönheit kennt sich Basil aus. Sie ist sein Geschäft. »Deswegen kann ich
nirgendwo anders sein als hier, wo es am schönsten ist«, sagt er und lacht.

Die Schönheit der Stadt ist naturgegeben, do-
ziert er dann. Durch die Berge, vor allem durch
den Tafelberg, durch das Meer. Dadurch, dass
Kapstadt an sich klein geblieben ist, sich mit seinen alten Vororten auf dem engen Raum zwischen

den Bergen und dem Meer befindet, wie in einer Schale.

»Wollen die Menschen schön sein«, sinniert Basil, »dann ist das zumeist mit einigem Aufwand verbunden. Ich weiß, wovon ich spreche. Diese Stadt aber braucht für ihre Schönheit nichts weiter zu tun, als zu sein. Denn, unter uns, nicht einmal gesichtslose Wolkenkratzer können ihr etwas anhaben. Die fallen gar nicht auf neben dem Tafelberg.«

Sie fallen zumindest nicht ins Gewicht. So wie auch andere Bausünden kaum auffallen. Das monströse neue Rathaus im Stil der Neo-Renaissance. Die Autobahn auf Stelzen, die unvermittelt abbricht. Das Brachland des District Six. Was in anderen Städten der Welt eine zumindest optische Hypothek wäre, in Kapstadt sieht man darüber hinweg. Man nimmt es nicht einmal wahr.

Kapstadt, das ist zuvorderst der Blick über die Bucht auf die Stadt und den Tafelberg, auf ein wunderbares Panorama. Möglichst im zarten Licht des frühen Morgens oder späten Nachmittags. Kapstadt, das ist – und darin besteht Einigkeit unter den *Capetonians*, einerlei wo in der Stadt sie wohnen – die stillen Straßen im noblen Kirstenbosch, das sind die Eichenalleen in Company's Gardens und in Constantia. Das sind die alten kapholländischen Anwesen, giebelgeschmückt und weiß getüncht, das sind die Weingärten, das ist das dunkle, satte Grün der Vegetation, das sind die viktorianischen und georgianischen Häuserzeilen in den alten Vororten, das sind die wildromantischen Buchten und Strände von Clifton und Camps Bay, die bunten Badehütten von Muizenberg, das sind die Seehunde und Pinguine, die Wale und der Weiße Hai. Kapstadt, das ist, vereinfacht gesagt, ein Rausch an optischen Eindrücken, die scheinbar ideale Verbindung aus Stadt und Natur auf engstem Raum.

Basil durchmisst diesen Raum Tag für Tag. Er wohnt in Scarborough, dort wo das Kap sich mehr und mehr verjüngt. Wo es wilder wird, wo die Gischt des Atlantiks die Häuser in einen steten feinen Nebel hüllt. Tag für Tag fährt Basil dann nach Norden, in die Stadt. Entlang der Küste, vorbei an Kommetjie, über den im wahrsten Sinne des Wortes atemberaubenden Chapman's Peak Drive, er quert Hout Bay, passiert die »Zwölf Apostel«, und dann taucht er ein in die Stadt. »Das ist«, sagt er, »als ob jeder Tag ein Urlaubstag wäre, so schön, so entspannend.«

Hoch im Norden, im so gar nicht liebreizenden Johannesburg, unterstellt man den *Capetonians* tatsächlich in einer Art Dauerferienzustand zu leben. Dass jeden Tag pünktlich um zwölf Uhr mittags die Kanone auf Signalhill abgefeuert wird, habe seinen Grund alleine darin, dass die Kapstädter mehr oder minder rüde geweckt werden müssten, damit sie wenigstens ein paar Stunden bei der Arbeit verbrächten, bevor sie dann alle an die Strände eilten, um sich dem dolce far niente hinzugeben. Sagen die Johannesburger.

Das ist freilich ein böses Vorurteil. Eines, aus dem Neid spricht. Und die Sehnsucht, es genau so und nicht anders halten zu dürfen. Wochenende für Wochenende strömen die Johannesburger nach Kapstadt. Okkupieren gemeinsam mit den Touristen aus aller Welt die Lokale, die Restaurants, die Strände und Golfplätze. Kapstadt, eine Wochenendliebe.

»Sie berauschen sich an der Schönheit, aber sie kennen die Stadt nicht«, sagt Basil. »Sie hören nicht in sie hinein, sie stellen keine Fragen, sie genießen sie nur, sie benutzen sie.«

Das Kap der Guten Hoffnung hat noch einen zweiten Namen: Kap der Stürme. »Diese Bezeichnung ist so wahr«, beteuert Basil, »Kapstadt kann sehr kalt sein. Und ich rede nicht nur vom Winter.«

Dabei war es der Winter des Jahres 1652, der beinahe die Gründung der Stadt zum Scheitern gebracht hätte. Am 6. April dieses Jahres gingen unter der Leitung Jan von Riebeecks hundertsechzehn Mann und vier Frauen an Land. Mit dem Auftrag des Direktoriums der VOC, hier einen Versorgungsposten für die Schiffe der Gesellschaft anzulegen. Janzens Bericht hatte Wirkung gezeitigt.

Das Häuflein Männer und Frauen hatte er aber nicht auf den Kapwinter vorbereitet. Anstelle milder Temperaturen, anstelle von Nahrung in Hülle und Fülle, sahen sich die Siedler Kälte, Regen und Sturm gegenüber. Binnen zweier Monate hatten Krankheiten und Hunger die Gruppe beinahe auf die Hälfte dezimiert. Ruhr und Skorbut wüteten, die Lebensmittel verdarben im Dauerregen, die Zelte waren leck.

Es muss ein armseliger Haufen gewesen sein, der da fern von Amsterdam, fern jeglicher europäischer Zivilisation versuchte, die Anweisungen des Direktoriums in die Tat umzusetzen. Die Portugiesen hatten sich nie daran versucht, sich hier festzusetzen. Sie, die Afrika länger schon als die Holländer umrundeten, ließen sich im heutigen Angola und in Mosambik nieder. Das Kap der Stürme suchten sie nur heil zu passieren. Sich hier anzusiedeln kam ihnen nicht in den Sinn.

Der wandelte sich auch in Amsterdam. Das Unternehmen kostete Geld und war ganz offensichtlich ein Fehlschlag. Schon überlegte das Direktorium, die Überlebenden zurückzuholen und den Verlust abzuschreiben, da brachte van Riebeeck einen Vorschlag ein. Die Siedler sollten Freiheiten erhalten, vor allem sollten sie auf eigene Rechnung arbeiten dürfen. Sie sollten frei sein.

1657 erhielten die ersten neun Freibürger Land am Kap zugewiesen. Die Siedlung am Kap war gerettet. Zugleich wurde damit aber auch der Konfrontation mit den ansässigen Khoikhoi und später mit den Bantu-Völkern Tür und Tor geöffnet.

»Die Schönheit hat ihren Preis. Hier haben ihn vor allem die Malayen bezahlt«, so Basil. Kaum war Kapstadt als Posten eingerichtet, das Kastell noch nicht einmal aufgebaut, da wurden schon die ersten Sklaven aus dem heutigen Indonesien importiert, die ersten politischen Gefangenen auf Robben Island inhaftiert.

»Stell dir vor«, sagt Basil, »da bist du ein Gefangener auf dieser kleinen Insel in der Bucht, du siehst jeden Tag dieses wundervolle Panorama, du weißt, dort ist die Freiheit, aber du hast keine Chance zu entkommen. Oder nimm das Hochsicherheitsgefängnis Pollsmoor, mehr oder weniger mitten im idyllischen Tokai gelegen. Das geht hier Hand in Hand. Die Schönheit und die Härte. Immer noch. Das ist ebenfalls ein Teil Kapstadts.«

Das Kapstadt der Sklaverei, jenes der politischen Gefangenen, das Kapstadt der Glücksritter und der Huren, die Stadt, von der aus Eroberungen im Inneren Afrikas geplant und geleitet wurden, die Stadt, die einen Teil ihrer Bevölkerung an ihre Ränder verbannte und jenes Kapstadt, in das heute tagtäglich weiter Zuwanderer aus Simbabwe, aus Malawi, aus dem Kongo, sogar aus Nigeria gelangen, das alles geht unter angesichts der Schönheit. Sagt Basil. Nun ein wenig heftig. Denn er hat ein Herz für die, die vergessen werden.

»Wenn man uns Capetonians beschreiben wollte, dann könnte man uns am besten mit Insulanern vergleichen. Wir tun so, als ginge uns alles rund um uns nichts an. Als wären wir kein Teil Südafrikas und schon gar nicht Afrikas. Wir tun so, als lebten wir auf einem eigenen Planeten. Und weißt du was, wegen der Schönheit wird uns das alles verziehen. Wer Kapstadt liebt, der liebt es. Zur Liebe aber gehört immer der Schmerz dazu.« Abdullah Ibrahim kann ein Lied davon singen.

Kapstadt, deine Küchen

Auf der Suche nach der unverwechselbaren
Kapcuisine

Die Namen sind ebenso ungewöhnlich wie die
Rezepte. *Uitlander* wird in Rockspider's Opera
serviert. Oder *Anna van Saldanah*. Antilopenfleisch
und Lamm, fein gewürzt, mit einer leicht scharfen
Süßnote. Ein wenig Asien ist da am Gaumen zu
spüren, aber auch Afrika und Europa. »Das ist«,
sagt der Kellner zwischen zwei Gängen, »burische
Nouvelle Cuisine.« Das ist etwas mehr, es ist eine
kleine Revolution in Kapstadt.

Eigentlich brüstet sich die Stadt, das »Gasthaus der Meere« zu sein. Freilich, die Betonung
liegt auf »Gasthaus« nicht etwa auf »Restaurant«.
Und rückblickend betrachtet, war die Stadt
tatsächlich so etwas wie eine Taverne. Eben ein
Verproviantierungsposten, wo die Schiffe frisches
Gemüse, frisches Fleisch, Obst und Getreide bun-
kern konnten, nebst Wein und Wasser. Ein Ort, wo
die Seeleute nach Wochen auf dem Ozean wieder
abwechslungsreiches Essen bekamen. Herzhaftes
Essen vor allem.

Daran hat sich so viel nicht geändert. Nur sind
es heute die Touristen, die in Kapstadt ausgehen
wollen. Die Seeleute spielen kaum noch eine Rolle. Also findet sich in Kapstadt eine Reihe guter
und auch sehr guter Restaurants, die in den

neuesten internationalen Trends brillieren. Es gibt zudem eine Reihe von Spezialitätenlokalen, wo man russisch essen kann oder japanisch, thai, französisch, italienisch, portugiesisch oder afrikanisch. Nach Restaurants, die sich auf typische Kapküche verlegt haben, muss man indes Ausschau halten, und wird nur wenige finden. »Rockspider's Opera« ist hinter einer unscheinbaren Tür auf der Regent Road in Sepoint versteckt. Selbst in der näheren Umgebung kennt kaum jemand das Lokal. Und wer hat je schon davon gehört, dass Reisende sich partout auf die Suche nach gehobener burischer Küche machen?

»Wir orientieren uns an dem, was die Buren früher aßen, an den alten überlieferten Rezepten«, meint der Kellner im »Rockspider«. Es waren einfache Speisen. Rind und Lamm, Antilopen- und Gazellenfleisch, vorzugsweise vom Kudu. Getrocknet als *Biltong* oder gebraten. Auch mal eine Schlange, in Buttermilch gekocht. Alles in allem: Herzhaft und schwer verdaulich.

»Natürlich gab es immer schon andere Einflüsse auch«, der Kellner hat ein wenig Zeit, das »Rockspider« füllt sich erst zu späterer Stunde, »die der Malayen, die mit ihren Gewürzen die Geschmackspalette erweitert haben.« Aber, meint er, in den letzten Jahrzehnten sei die burische Küche zunehmend konservativ geworden. Eine herzlose, vor allem eine humorlose Angelegenheit. »Die meisten begnügen sich damit, ein Stück Fleisch zu Tode zu braten und es dann mit einer dicken, süßlichen Sauce, die über alles gegossen wird, noch einmal zu ermorden. Die Buren sind, das muss man wissen, Puritaner«, sagt er, »sie haben nicht viel übrig für die Verfeinerung des Lebens. Das gilt ihnen als Sünde.« Dagegen wird in »Rockspider's Opera« angekocht.

Schließlich hat Südafrika sich neu gefunden, sind die Buren von den Fesseln des selbst auferlegten Puritanismus befreit worden. »Wenn wir lernen, über uns und unsere Eigenheiten zu lachen und sie nicht mehr so ernst zu nehmen, dann sind wir wirklich frei und in Südafrika angekommen. Dazu wollen wir ein klein wenig beitragen«, sagt er. Essen ist für die Buren eine ernste Angelegenheit, und der Begriff rockspider ist eigentlich ein Schimpfwort.

An kulinarischer Vielfalt mangelt es in Kapstadt wirklich nicht. Insofern macht die Stadt ihrem Ruf, das »Gasthaus der Meere« zu sein, alle Ehre. Wer will, kann aus den Küchen aller Herren Länder wählen. Und noch viel mehr. Man kann *Crayfish* bestellen, den Felsenlobster, eine ausgesprochene Spezialität, die vor Kapstadts Küste in den Tiefen des Wassers heranwächst. Man kann den Seehecht *Snoek* als Paté ebenso ordern wie in gegrillter Form oder ein Schwertfischsteak, Thunfisch, *Kingklip* und *Red Snapper*. Schließlich lebt man hier am Meer.

Geht es freilich darum, die typischen Spezialitäten zu erkunden, jene, die die Kapstädter Küche ausmachen, weichen die Angaben voneinander ab.

»Lammfleisch aus der Karoo, das ist typisch«,

sagen die *Capetonians*. »Süßkartoffeln, Kürbiscreme-
suppe mit Kardamom, Potjiekos, Koeksisters,
Konfyt, Melktart und Sosaties. Die Samoosas
nicht zu vergessen, ebenso wenig wie die Boboties, die Bredies, vor allem die Waterblommetjie
Bredie.« Und unversehens sind sie in der Küche
der Kapmalayen gelandet.

Potjiekos, das ist Eintopf, als solcher wohl europäischer Herkunft. Die *Koeksisters* aber sind
schon eine frittierte Spezialität aus Teig, umhüllt
von Kokosraspeln oder Sirup. Süß und schwer. *Sosaties* sind mariniertes, mit Dörrfrüchten auf
Spießen gegrilltes Fleisch, *Samoosas* wiederum sind
frittierte mit pikant gewürztem Fleisch gefüllte
Teigtaschen, *Boboties* nennt man Hackfleisch mit
Früchten und Gewürzen, *Bredies* sind Eintopfge-
richte meist mit Lammfleisch, nur die *Waterblommetjie Bredie* ist ein Eintopf aus einer Seerosenart,
die auch für eine Cremesuppe Verwendung findet.

Hat die Kapküche also ihre Wurzeln eigentlich
in Indonesien? »Nicht wirklich«, befinden die *Capetonians*. »Es ist eine eigene Küche. Aber einen in-
donesischen Einfluss gibt es sicherlich.«

Es gibt, revidieren sie dann ihre Aussage, am
Kap viele Küchen, so wie hier ja auch viele Kultu-
ren aufeinander treffen. Dass daraus bislang noch
keine eigene Variante erwachsen ist, das sei sicherlich auch in der Vergangenheit der Stadt und
des Landes begründet. »Die Apartheid hatte die
verrücktesten Auswüchse. Vielleicht ändert sich
das im Lauf der nächsten Jahrzehnte. Vielleicht
wird einmal die Kapstädter Küche gleichberech-

tigt neben der französischen stehen oder neben der italienischen. Und diese Küche wäre dann sicherlich eine, die von Gewürzen bestimmt ist, von einer ganz eigenen Süße. Es wird – wenn es sie gibt – eine pfiffige Küche sein. Crossover. Fusion.« So kann man es auch betrachten. Da spielt der Zeitgeist den Kapstädtern in die Hände.

Eines aber, das wagen sie alle zu beschwören, eines wird sich nie ändern, die Liebe zum *Braai*. Das ist die südafrikanische Bezeichnung für Barbecue, für das schlichte Grillen. Schlicht ist das Grillen am Kap freilich nicht. Es ist eine Kultur. Eine Passion.

Wer – zumal als Mann – auf sich hält, der versteht es, am *Braai* Steaks, *Boerewors* und *Crayfish* sekundengenau zuzubereiten. Der lässt sich auch von Wind und Wetter nicht davon abhalten, im Vorgarten zu stehen und das Feuer zu hüten wie einst die Vestalinnen in Rom. Ein *Braai*, das ist eine tiefernste Angelegenheit, die nach mehreren Sixpack Castle Lager verlangt. Nach »Blitz« zum Anfeuern und nach viel Fleisch.

Der *Braai*, das ist fast so etwas wie ein Initiationsritus. Wer den Umgang mit Holzkohle, Feuer und Fleisch beherrscht, der ist ein Südafrikaner. Ein ganzer Kerl.

»Über den Braai macht man keine Witze«, sagt der Kellner im »Rockspider«. »Den nehmen alle unglaublich wichtig. Buren wie Engländer, Xhosa wie Coloureds. Der Braai kennt inzwischen keine Grenzen mehr. Zumindest keine der Hautfarbe. Ich habe in der Provinz Mpumalanga, mitten im

Nirgendwo, die Männer der Ortschaften Seite an Seite stehen sehen, vor dem Braai. Ungeachtet ob einer schwarz und der andere weiß war. Der Braai, das ist eine Bruderschaft. Nur mit Witz hat die nichts am Hut. Und wir nichts mit dem Braai.«

Der Straßenkämpfer

Wie der Buchhändler Erwin Friedman im Alleingang
die Long Street rettete

Auf der Long Street will Erwin Friedmann keinen Treffpunkt vereinbaren. »Nicht wenn es nicht unbedingt sein muss«, sagt er am Telefon. Er schlägt statt dessen ein Lokal in Seapoint vor. Wo ihm nichts seine Erinnerung an die Long Street trübt, an die Straße, wie er sie geliebt hat und die nun nicht mehr so ist.

Die Long Street, in Kapstadt kurz und bündig »Long« genannt, ist die Amüsiermeile der City Bowl. Es ist die lange Straße, die von der Strand Street (wo früher die Stadt am Meer endete) bis zur alten Vorstadt Gardens führt, gesäumt von einer Vielzahl bunt gestrichener viktorianischer Häuser. Geprägt von schmiedeeisernen Balkonen und Veranden, geprägt von Lokalen sonder Zahl. Die Long Street ist hip. Sie ist der Platz, wo man einander trifft, in den Kapstädter Nächten. Sie ist der Tummelplatz der Szene. Sie ist laut und bisweilen schrill.

Erwin Friedmann ist ein alter Mann. Einer von jenen, die die Geschichten der Stadt kennen und sie bereitwillig erzählen. Meist sind es Geschichten, die sie gehört haben, an denen sie keinen Anteil hatten. Im Fall der Long Street verhält es sich anders.

Erwin Friedmann war Antiquar. Im oberen Teil der Long Street. Unweit der deutschen protestantischen Kirche, der Long Street Baths und des Geschäftslokals von Morris Boerewors. »Dort erhält man die besten Würste und den besten Biltong der Stadt«, sagt Friedmann. Und das sagt nicht nur er.

Dort also hatte er sein Geschäft. »Ein riesiges«, erinnert er sich. »Wer zu mir kam, konnte sich für Stunden, was sage ich, für Tage zwischen den Regalen verlieren. Bücher waren meine Leidenschaft. Der Erwerb von Büchern und das Verkaufen von Büchern. Ich hatte ein gut sortiertes Geschäft. Auf jeden Fall das größte in Kapstadt.«

Eine andere Adresse als die Long Street kam für ihn nicht in Frage. In der Straße finden sich immer noch Antiquariate und Trödelläden, in denen man Schätze aus längst vergangenen Tagen vermutet. Und hier fanden sich andere Geschäfte mit Geschichte. Etwa jenes der Gebrüder Kearney, der Palm Bottle Store, gleich neben der Palm Tree Moschee. »Eine wunderbare Nachbarschaft«, erinnert sich Friedmann. »Tim und Mike hatten den Laden von ihrem Vater übernommen, der seinerseits in den Zwanzigern begonnen hatte, als Erster auf der Halbinsel die Bestellungen, die bei ihm eingingen, mit seinem Ford Model-T auszuliefern. Die Brüder haben das später nicht mehr gemacht, dafür haben sie darauf Wert gelegt, immer nur beste Weine und Spirituosen in der Long Street anzubieten. Die Brüder schätzten es sehr, dass kein Kunde es wagte, sich gleich vor ihrem Eingang den Alkohol einzuverleiben, die Moslems hätten das gar nicht gerne gesehen. Und da ein jeder auf den anderen achtete, entwickelte sich ein sehr gutes Verhältnis, das von Wertschätzung gekennzeichnet war. Bis die Kearneys in den Ruhestand gingen. Jetzt ist in ihren Räumlichkeiten ein Lokal untergebracht.«

Auch dort, wo sich früher seine Bücher stapelten, werden heute Speisen und Getränke serviert. Gedrucktes ist allenfalls in Form von Speisekarten zugegen. »Dabei habe ich nichts gegen Lokale. Schon gar nicht auf der Long Street. Dort gab es immer viele Lokale. Lange vor meiner Zeit, und es wird sie lange nach meiner Zeit geben. Aber jetzt sind es zu viele. Sie verdrängen die anderen Geschäfte. Und sie verdrängen die Bewohner. Das ist nicht gut. Ich fürchte um den Charakter der Straße. Auch wenn die Häuser nun fast alle restauriert worden sind.«

Als Friedmann seinen Laden hatte, war die Long Street bei weitem nicht so belebt wie heute. Aber damals kamen auch nicht so viele Touristen in die Stadt. Ganz im Gegenteil. In den Siebzigern und Achtzigern herrschte das Apartheidregime. Und mit ihm eine Gesinnung, die sich immer wieder an der Stadt verging.

»Kapstadt war den führenden Köpfen der Buren immer unheimlich. Zu offen, zu liberal. Deswegen haben sie District Six schleifen lassen, haben versucht das Bo Kaap dem Verfall zu überlassen und haben sich mit gesichtslosen, grauen Betonmonstren in der Stadt verewigt.«

Drunten, am Foreshore, jenem Gebiet, das aufgeschüttet und dem Meer abgerungen wurde zum
Beispiel. Da läuft die Adderley Street unversehens
in die Heerengracht aus und in eine Umgebung,
die vom Geist der fünfziger Jahre kündet. Weite
Straßen, große Plätze, massive, graue Bauten. »Da
nutzen doch auch die Palmen nichts, die dort he-
rumstehen«, sagt Friedmann. Aber dort wurde
wenigstens nichts abgerissen.

»Die Long Street«, seufzt Friedmann, »war
früher von ihrem Anfang bis zu ihrem Ende fast
durchgehend von Häusern mit schmiedeeisernen
Vorbauten gesäumt. Man konnte von Strand
Street bis zu den Long-Street-Bädern selbst bei
strömendem Regen weitgehend trockenen Fußes
gelangen. Das war ein einzigartiges Bild, diese
Straße. Ein schützenswertes Ensemble.«

Dass man es schützen sollte, und zwar aus-
drücklich, daran dachte niemand. Nicht in der
Long Street und auch nicht sonst wo in Kapstadt.
Bis zu jenem Tag, an dem die Bagger kamen.

»Da war auf einmal ein hässliches Geräusch,
ein Kreischen und Ächzen. Als ich aus dem Laden
auf die Straße stürzte, war es bereits geschehen,
sie hatten begonnen, die Balkone wegzureißen.
Und dazu auch gleich noch ein, zwei Häuser.«

Bis zu diesem Zeitpunkt ist die Long Street für
Friedmann eine Idylle, ein Platz, zu dem die moderne Welt noch nicht vorgedrungen ist. An diesem Tag sieht er seine Idylle, seine Welt endgültig
in Frage gestellt.

Die Stadt habe beschlossen, die Long Street zu

modernisieren, erfährt Friedmann. Die gesamte Straße. Weg mit dem viktorianischen Schrott, weg mit den Sentimentalitäten, weg mit den Erinnerungen an jene Tage, als in Kapstadt Weiße und *Coloureds* noch in gemischten Gebieten wohnten. Weg mit dieser Straße, in der Matrosen und Dragqueens in den sechziger Jahren für Furore sorgten, in der das Laster Quartier genommen hatte. Die Long Street, so planen es die sittenstrengen Beamten – und Südafrika gibt sich in den späten achtziger Jahren äußerst puritanisch –, soll eine leistungsfähige, moderne Straße werden. Wer braucht da schon ein paar alte Balkone, auf denen bisweilen Prostituierte in aller Öffentlichkeit ihre Brüste vergleichen?

Friedmann braucht die Balkone. Er ist sich sicher, dass nicht nur er sie braucht, auch die Stadt braucht sie. Sie gehören dazu. Friedmann will sie erhalten. Um jeden Preis.

»Den Preis habe ich dann auch bezahlt«, sagt er in Seapoint und trinkt einen Schluck Kaffee. Wo er sitzt, dort gibt es keine viktorianischen Balkone. Die Seapoint Main Road ist eine glatte Straße. Eine, die ihre Prägung in den Sechzigern und Siebzigern erhalten hat. Nicht unbedingt Friedmanns Geschmack, aber auch ein Teil der Stadt, ein wesentlicher, wo Seapoint in diesen Jahren ja auch seine große Zeit erlebt hat. Sagt Friedmann. »Das Wunderbare an Kapstadt ist doch«, führt er aus, »dass man die Entwicklung der Stadt anhand ihrer Viertel und Straßen erkennen und ablesen kann. In Europa ist das selbstverständlich. Aber in

Südafrika haben wir nur Kapstadt als Beispiel gewachsener Urbanität.«

Während ein Balkon nach dem anderen verschwindet, macht sich Friedmann auf, Widerstand zu organisieren. Mit Anrufen, mit Eilklagen, mit Gesprächen, mit Diskussionen. Er wird bei allen nur denkbaren Abteilungen der Stadtverwaltung vorstellig. Er sucht nach Möglichkeiten, der Zerstörung Einhalt zu gebieten. Bis er bei der Denkmalschutzbehörde auf offene Ohren stößt. Die Long Street, so die Historiker, sei möglicherweise ein Ensemble von nationaler Bedeutung. Die Arbeiten seien vorderhand einzustellen. Bis zur endgültigen Klärung der Angelegenheit.

»Da war die Straße eigentlich schon nicht mehr zu erkennen. Aber sie war auch nicht gänzlich zerstört«, meint Friedmann. »Dann wurden in den Baulücken schnell billige Häuser hochgezogen. Gesichtslose Bauten. Um Tatsachen zu schaffen. Diese hässlichen Dinger sieht man heute noch. Aber, da bin ich mir sicher, sie werden als erstes verschwinden. Weil sie in jeder Hinsicht billig sind.«

Die Arbeiten sind gestoppt. Doch für Friedmann beginnt nun der eigentliche Kampf um und für die Straße, sein langer Marsch durch die Institutionen. Er argumentiert, schreibt, führt, dokumentiert und agitiert. Er verwendet seine ganze Zeit auf dieses Vorhaben. Sein Geschäft leidet darunter. Friedmann denkt sich, dass das nun einmal sein muss: »Wenn ich erfolgreich bin, dann kann ich mich immer noch wieder so um das Antiquariat kümmern wie zuvor«.

Sein Engagement zeitigt Erfolge. Da und dort werden Fassaden wieder instand gesetzt, werden Häuser mit einem neuen Anstrich versehen. Sogar die alten Eisenkonstrukte, die fein verzierten, werden restauriert. Friedmann fühlt sich bestätigt.

Bis ihn sein Vermieter mit einer höheren Mietforderung konfrontiert. Es hat sich so viel getan in der Welt und in Südafrika. In Europa ist der Realsozialismus kollabiert, in Südafrika verhandelt das Apartheidregime mit Nelson Mandela. Kapstadt wird zu einer Touristendestination. Mit Fremdenzimmern, mit Guesthouses und Restaurants kann man schnell Geld verdienen. Die Long Street ist ein perfekter Platz für Reisende. »Er hat mich vor die Wahl gestellt, entweder eine horrende Miete für das Geschäftslokal zu bezahlen oder auszuziehen.« Friedmann bleibt nichts anderes übrig als seine Bücher zu verkaufen und das Antiquariat aufzulösen. Aber er klagt, so einfach will er die Kündigung nicht hinnehmen. Nicht nach all dem, was er für die Straße getan hat, und schon gar nicht, nur um zu sehen, wie sich in seinen alten Geschäftsräumen ein Lokal nach dem anderen probiert und scheitert. »In dieser Sache verbringe ich immer wieder Stunden und Tage vor Gericht.« Doch die südafrikanische Jurisdiktion ist überlastet. Das Verfahren zieht sich in die Länge. »Das hat etwas von einem Dickens'schen Roman an sich«, schmunzelt Friedmann, »diese Gerichtsatmosphäre, die Geduld der Akten, die langsam aber sicher Staub ansetzen und zu Bergen anwachsen. Man kann sich selber beim Altern zusehen.«

Dann und wann zieht es Erwin Friedmann doch in die Long Street. Dort sieht er, was an Neuem hinzugekommen ist, bemerkt, wie aus einem alten, heruntergekommenen Stundenhotel ein Designhotel wird, grüßt alte Bekannte und fühlt seiner Wehmut nach. »Aber«, sagt er dann, »die Long Street ist über dreihundert Jahre alt, sie hat alles kommen und gehen sehen. Sie wird auch diese Phase überstehen. Sie ist eine Straße, in der die Querköpfe zu Hause sind. Brav wird sie nie werden. Das beruhigt mich.«

Ein Ort des Stolzes

*Die South African National Gallery ermöglicht einen
anderen Blick auf afrikanische Kunst und Kultur*

Ein großer Name für ein unscheinbares Gebäude:
South African National Gallery. Da erwartet man
sich ein großes Haus, eines, das nach vorne
drängt, auf sich aufmerksam macht. Nicht dieses.
Dieses nimmt sich zurück, weicht nach hinten
aus. Schafft etwas Raum zwischen sich und den
anderen Gebäuden in der Government Avenue,
die vorbei am Parlament und am Tuynhuis – dem
Sitz des Präsidenten – von der St. Georgs Kathedrale bis zur Orange Street, zum legendären Hotel
Mount Nelson führt. Entlang des Company's Gar-
den, vorbei am South African Museum und der
großen Synagoge, die oftmals für die Kathedrale
gehalten wird, ihrer Türme wegen.

Die South African National Gallery also. Sie ist
das jüngste Gebäude am Rande der Avenue. Erst
1930 eröffnete der Earl of Athlone die Galerie, ihre
bauliche Existenz verdankt sie der Initiative eines
längst vergessenen sozialistischen Ministers für
Öffentliche Arbeiten. Zuvor lagerten die Sammlungen der Stadt in zwei Hinterzimmern des National Museums. Nicht unbedingt eine optimale
Örtlichkeit.

Was in den späten zwanziger Jahren errichtet
wurde, ist ein lichtdurchflutetes Haus, das sich

den Besuchern öffnet, sie einlädt einzutreten. Es ist ein kleiner Tempel, der da steht.

Bis 1990 war es ein Tempel der weißen, der europäischen Kunst. Dann wurde Marilyn Martin zur Direktorin berufen. Seither ist es in jeder Hinsicht einer der wichtigsten Orte um sich einen Über- und Einblick in das zeitgenössische südafrikanische Kunstleben zu verschaffen.

»In Südafrika« sagt sie, »ist es nicht so einfach, einen Unterschied zwischen Handwerk und Kunst zu treffen. Nicht jeder Künstler verfügt über eine klassische Ausbildung, viele sind Autodidakten. Das, was in den Townships entsteht, ist ebenso ein Teil unserer Wirklichkeit wie das, was in Studios und Ateliers geschaffen wird. Wir sind Zeitzeugen.«

Marilyn Martin sitzt in einem kleinen Büro. Es ist still in der Galerie. Am Eingangstor hängt eine Notiz: Wegen einer Demonstration für bessere Löhne der öffentlich Bediensteten ist der Betrieb nur eingeschränkt möglich.

»Sie sind fast alle auf der Grand Parade. Es ist das alte Lied. Letztlich wird überall gespart. Vor allem an der Kultur. Das war immer so, das wird immer so sein. Einerlei, wer an der Regierung ist.« Das konstatiert sie ganz nüchtern. Emotionslos. Sie hat Verständnis für ihre Leute. Aber sie gibt sich auch keinen Illusionen mehr hin.

Als sie ihr Amt antritt, findet sie eine verstaubte Sammlung vor. Eine, die sich ganz und gar nach Europa ausrichtet. Eine, die die Wirklichkeiten des Landes ausspart. Und sie findet eine Institution vor, die »vielen Leuten selbst in Constantia, Camps Bay oder Clifton unbekannt war«.

Martin lässt umbauen, lässt erweitern. Dann beginnt sie, neue Schwerpunkte zu setzen. Die South African National Gallery begibt sich hinaus. In die Vorstädte und in die Townships. Und Martin ändert den Schwerpunkt der Sammlung. Sie erwirbt Fotografien, Skulpturen, Cartoons und Bilder. Sie bietet den Künstlern in Kapstadt erstmals ein Forum, in dem sie die Zeitläufte kommentieren können. Durch und mit ihren Arbeiten.

Mit einem Mal befindet sich die Galerie im Zentrum der Aufmerksamkeit. Raufbolde des rechtsradikalen Buren Eugène Terre'Blanches stürmen in die Galerie und zerstören einige Kunstwerke, die ihnen missfallen. Um ein Exempel zu statuieren. Freilich vergeblich, nicht einmal der operettenhafte Putschversuch im März 1994 im ehemaligen Homeland Bophutatswana kurz vor den ersten freien Wahlen konnte die Entwicklung des Landes bremsen.

Es kommen aber nicht nur radikale Randalierer. Es kommen vor allem Interessierte, ein neues Publikum, ein breiter gefächertes als zuvor. Eines, das zum Teil erst akzeptieren muss, dass afrikanische Kunst nicht einfach mit traditioneller Kunst gleichzusetzen ist, sagt die Direktorin. »Viele hatten und haben immer noch die Erwartungshaltung, dass sich afrikanische Künstler auf das Verwalten ihres Erbes beschränken. Dass sie damit aber spielen, dass sie andere Stilmittel einsetzen, das ist für manche Besucher gerade aus Europa und den USA eine Überraschung. Das ist eine der zentralen Aufgaben unserer Institution, dass die starren eurozentrischen Sichtweisen auf Afrika und seine Menschen abgebaut werden.«

Und Marilyn Martin beschließt, dass die Gallery dreisprachig werden soll – in Südafrika eine Premiere. Neben Afrikaans und Englisch werden die Exponate, die Broschüren und Führungen auch in Xhosa angeboten. Um der Realität in Kapstadt gerecht zu werden. »Auch wenn es sich manche immer noch nicht eingestehen, ist Xhosa am Kap inzwischen eine Haupt- und Verkehrssprache geworden«, meint sie und bedauert, dass es ihr selber in ihrem Alter schwerer fällt, eine neue Sprache zu erlernen. »Eine Fremdsprache«, sagt sie, »das ist Xhosa für mich, auch wenn es traurig ist, das einzugestehen.«

Auch die Werke dieser Zeit sprechen eine fremde Sprache. Sie erzählen von Hoffnung und Trauer, von Freude und Enttäuschung, von Wut und Verzweiflung. Was in den Jahren der Apartheid in Südafrika geschaffen, aber lange Zeit nicht präsentiert wurde, überfällt nun die Besucher. Rührt sie an. Diese Sicht der Dinge haben die wenigsten gehabt.

»All das ist keine Propagandakunst«, erläutert Martin. »Natürlich beziehen die Künstler Stellung, und sie bezogen vor allem gegen die Apartheid Stellung. Aber in all diesen Werken findet sich keine Einflussnahme einer politischen Partei. Es sind die ganz persönlichen Sichtweisen der Künstler, die von einer großen Hoffnung getragen waren, dem Ende der Rassentrennung, dem Beginn einer neuen Zeit.«

Auf die neue Zeit setzte damals auch sie. Die Regierungen des alten Südafrika haben der Kunst nicht viel Bedeutung zugemessen. Die Galerie aber wird von der Regierung finanziert, nicht von der Stadt. Marilyn Martin erwartet, erzählt sie, dass die erste Regierung des neuen Südafrika einen neuen Zugang zu Kunst und Kultur finden werde.

»Bis zu den ersten freien Wahlen im April 1994 durchzieht die meisten Arbeiten, bei allen Unterschieden, ein Grundthema, die Vision einer gerechteren und besseren Zukunft. Dieser Traum verleiht den Werken eine unglaubliche Intensität, die sie einzigartig macht. Es ist südafrikanische Kunst, die sich dem Essenziellen zugewandt hat und nicht von Strömungen welcher Art auch immer dominiert wurde«, hält Martin fest.

Seit 1994 hat sich etwas geändert: »Jetzt ist der gemeinsame Grundtenor nicht mehr so stark ausgeprägt. An die Stelle der Hoffnung ist bei vielen Enttäuschung getreten. Enttäuschung darüber, dass der Wandel Zeit braucht, dass unser Land nicht von heute auf morgen eine bessere Welt geworden ist und darüber, dass sich die vom African National Congress (ANC) geführten Regierungen in vielen Bereichen als anfällig für Korruption und Misswirtschaft erwiesen haben.« Der Ton ist härter geworden, meint sie. Kritischer gegenüber den früheren natürlichen Verbündeten in der Politik.

In der Galerie ist es still. Die Mitarbeiter sind

immer noch auf der Grand Parade, dort pfeifen sie und tun lautstark ihren Unmut kund. Dann und wann hört man irgendwo im Haus Telefone klingeln und wieder verstummen. Es ist ein ruhiger Tag. Draußen strahlt die Sonne. Anstatt ins Museum zu gehen, verweilen die Passanten lieber auf den Stufen vor dem Eingang. Es fällt nicht weiter ins Gewicht, dass das Personal nicht da ist.

Von der Regierung erwartet sich die Direktorin nicht viel, wenn es um Geld geht: »Es steht noch immer so viel an, was an sich dringlicher ist als wir. Bildung, Gesundheit, Soziales, Wohnbau. Der Umbau einer Gesellschaft weniger Privilegierter in eine Gesellschaft von Menschen, die alle die gleichen Chancen und Möglichkeiten haben. Da kommt der Kunst selbstverständlich eine bedeutende Rolle zu, die seitens der Regierung – im Gegensatz zu früher – auch anerkannt wird. Ich muss dennoch andere Wege finden.« Sie setzt auf den Freundeskreis der Galerie, auf Sponsoren, auf die Vereinigung südafrikanischer Künste, darauf, dass über das Café und den Museumsshop etwas Geld in die Kassen kommt. Um neue Ankäufe tätigen zu können und die Sammlung zu erweitern.

Das Wichtigste hat sie erreicht. Die South African National Gallery ist bekannter geworden. In Constantia und Clifton wie in Camps Bay oder in den Townships der Stadt, aber auch international. »Die Galerie soll eine Galerie für alle sein, ein Zeichen gemeinsamer Anstrengung, ein Ort des Stolzes für die gesamte Nation«, sagt Marilyn Martin beim Abschied.

Company's Gardens

*Eine Karriere vom Gemüsegarten zur grünen Agora
der Stadt*

Dann und wann passiert ein Malheur, und eine
Taube erleichtert sich hoch oben in den Bäumen.
Wer Pech hat, den trifft es. Im Tea Gardens Restaurant trifft es die Gäste immer wieder. Das ist
der Preis, den man bereit sein muss zu zahlen,
wenn man hier, mitten in der Stadt und doch inmitten üppigen Grüns, abgeschirmt vom Rest der
Stadt einen Kaffee trinken will oder eine Kleinig-
keit essen.

Das kleine Risiko, das mit einem Besuch in
Company's Gardens verbunden ist, lohnt sich
aber. Dem steten Besucherstrom tut es jedenfalls
keinen Abbruch, ebenso wenig wie die Karte des
Lokals dazu angetan ist, ihn über die Maßen an-
zukurbeln. Es ist schlicht und einfach der Platz,
der zählt.

Unter alten Bäumen, scheinbar fernab von
Lärm und Rastlosigkeit. Eben in Company's Gardens. In direkter Nachbarschaft zur anglikanischen
St. Georgs Kathedrale, dem National Archiv, dem
Parlament und dem Sitz des Präsidenten, dem
wunderbar verspielten und ganz und gar apompö-
sen Tuynhuys. Unweit der blendend weißen Großen Synagoge, der South African National Gallery
und des South African Museums. Es ist, als hätte

die Republik mit Bedacht sich rund um die Gärten mit ihren wichtigsten Bauten verewigt, und als sei die Gartenanlage so etwas wie eine Agora Kapstadts.

Das ist indes die Grand Parade. Der große Platz vor dem Rathaus. Dort fanden und finden alle wichtigen Versammlungen und öffentlichen Zusammenkünfte Kapstadts statt. Wer von der Regierung in Pretoria etwas fordert, der demonstriert vor den Augen des Bürgermeisters. Parlament und Präsident hingegen werden in Ruhe gelassen, denn die grenzen eben an Company's Gardens. An den Ort der Muße, des Seele-Baumeln-Lassens, des Innehaltens und Verweilens. Das mag mit ein Grund sein, weswegen die Überlegungen, das Parlament von Kapstadt nach Pretoria zu verlegen, bisher nur Gedankenspiele geblieben sind. Letztlich lieben auch Abgeordnete die Beschaulichkeit mehr als die mögliche Konfrontation mit den Massen fordernder Bürger.

In den Gärten wäre so etwas unvorstellbar. Schlicht unmöglich. Jede Masse würde marginalisiert. Denn sie träte in Konkurrenz zu den alten Bäumen mit ihren weit ausladenden Kronen, zu den ohne Unterlass blühenden Hecken und Büschen, zu den Lauben, die so vielen zur trauten Zweisamkeit dienen. Vor allem aber träte sie in Konkurrenz zu den Besuchern der Gärten.

Die lieben es ruhig. Wollen auf dem Rasen lieber picknicken, im Schatten der Bäume ein Nickerchen halten oder lesen oder diskutieren.

Laut aber ist hier gar nichts. Hier wird flaniert, nicht marschiert.

Dabei entzündete sich ausgerechnet an Company's Gardens einmal beinahe ein Tumult politischen Ausmaßes. Ursprünglich, der Name verweist noch darauf, lagen an dieser Stelle die Gärten der Ostindien Kompanie. Achtzehn Hektar maßen sie, nachdem Jan van Riebeeck sie hatte anlegen lassen. Achtzehn Hektar für den Gemüseanbau, um damit die Schiffe versorgen zu können.

Im Laufe der Zeit freilich änderten sich die Umstände. Gemüse wurde bald schon in weit größerem Ausmaß im unmittelbaren Hinterland angebaut und in die Stadt gebracht, die damals mehr einem kleinen Marktflecken glich. In dem Maß, in dem die Gärten ihre eigentliche Bedeutung verloren, wuchs auch die Stadt. Also wandelten sich die Gärten. Langsam und Schritt für Schritt. Zum einen wurden sie kleiner, zum anderen wurden sie zu einer Parkanlage, in der die Bürger promenieren gingen.

Bis im Jahr 1800 der britische Gouverneur Sir George Yonge beschloss, dass die Gärten ab sofort ausschließlich ihm zustünden und damit für die Öffentlichkeit geschlossen seien. Dass die Briten das Kap okkupiert hatten, das nahmen die Kapstädter Bürger hin, dass die neuen Herren eine Reihe von Veränderungen vornahmen auch, doch dass die Gärten geschlossen werden sollten, das war zu viel.

Es waren vor allem die Frauen, die protestierten. Lautstark und immer hitziger, so wird berichtet. Bis die Atmosphäre so aufgeladen war, dass der Gouverneur einlenken musste. Mit einem resignierenden »Nun gut, nun gut, lasst den Pöbel rein«, soll er von der Idee der exklusiven Nutzung rasch wieder Abstand genommen haben.

Es scheint, dass die Gärten vor über zweihundert Jahren also bereits schön waren. So schön, dass sie Begehrlichkeiten weckten. Heute sind sie so schön, dass sie keinen Vergleich zu anderen berühmten Parkanlagen der Welt zu scheuen brauchen. Auch wenn sie auf vergleichsweise magere sechs Hektar Fläche reduziert worden sind.

Über dreitausend verschiedene Pflanzenarten finden sich auf dem kleinen Areal, kleine Teiche und Brunnen, eine Vogelvoliere und Statuen. Zum Beispiel jene des Burengenerals und späteren Premierministers, Louis Botha, jene des Staatsmannes Jan Smuts sowie jene Cecil John Rhodes'. In anderen Orten der Welt wären diese Denkmäler längst schon verschwunden, in Südafrika hat man damit keine Eile. Wichtiger ist der Wandel im Land als das Beseitigen von Monumenten.

Sie werden ohnedies konterkariert. Durch die Realität im Park, durch den Umstand, dass Company's Gardens zu einer Parkanlage für alle geworden ist. Ungeachtet der jeweiligen Hautfarbe und sozialen Stellung. Und auch durch den Umstand, dass sich im Land eine zivile, demokratische Gesellschaft entwickelt hat. Mithin ein Zustand, der von den in den Denkmälern Verewigten so nicht angestrebt wurde, wenn nicht gar bekämpft.

So fallen sie langsam dem Vergessen anheim, die Titanen der Vergangenheit, werden zu schlichten Statuen, denen im Park niemand mehr über Gebühr Aufmerksamkeit widmet.

Mit einer Ausnahme: Cecil John Rhodes. Bei seinem Anblick mag zumindest manchem Umweltschützer ein herzhafter Fluch über die Lippen kommen. Denn es gibt neben den Tauben noch ein zweites Ärgernis im Park. Die possierlichen Eichhörnchen, die über die Government's Avenue und die Wege des Parks springen. Diese Spezies kommt aus Amerika. Rhodes hat sie hier freigesetzt, als er Premier der Kapkolonie war. Harmlose, kleine Tiere. Sollte man meinen. Doch die amerikanischen Nager haben ihre kleineren südafrikanischen Verwandten schon lange verdrängt und breiten sich von Company's Gardens ausgehend immer weiter aus. Dabei plündern sie ungehemmt Vogelnester und werden mehr und mehr zu einem Problem für die Kleintierwelt am ganzen Kap.

Das Gros der Besucher der Gärten aber ist sich dieses Problems nicht bewusst. Wichtiger ist allemal, wie man im Teegarten dem potenziellen Malheur mit den Tauben entgeht.

Das verlorene Herz

Wie das Erbe des zerstörten District Six gepflegt wird

Sali Habab steht an der Ecke Hanover Street, Buitenkant. »Hier«, sagt er, »beginnt der District Six.« Die Hanover Street ist eine schäbige Straße. Weniger heruntergekommen als vielmehr still, einsam und vergessen. Das bunte Leben spielt sich rund um den Greenmarket Square ab, nur wenige hundert Meter und doch Welten entfernt. Denn den District Six, den gibt es im Grunde nicht mehr. Nur noch in Erinnerungen. Etwa in jenen Sali Hababs.

»Es war die große Sünde des Apartheidregimes, dieses Viertel dem Erdboden gleichzumachen«, sagt Habab. »Diese Gegend hier war das Herz Kapstadts, seine Seele. Eine Gegend, in der alle Menschen, gleich welcher Hautfarbe, gleich welcher Religion, friedlich Seite an Seite gelebt haben.«

District Six ist eine Legende. Freilich eine mit wahrem Hintergrund. Vor allem aber ist er eine Wunde in der Stadt. Als Brachfläche, in der sich teilweise das Cape Technicon breit gemacht hat. Als Kristallisationspunkt unerfüllter Sehnsüchte und Begehrlichkeiten.

Ursprünglich hieß die Gegend westlich des Stadtkerns »Kanaledorp«, wörtlich übersetzt »Bittestadt«. *Kanale* ist ein Begriff aus dem Javanesischen und bedeutet »Bitte« im Sinn von »Bitte, gerne«. Damit wurde auf die Gewohnheit der Kapmalayen Bezug genommen, einander tatkräftig beizustehen.

Erwarb ein Mann Grund und Boden, so half ihm ein Maurer aus der Nachbarschaft, die Wände seines Hauses aufzubauen, ein Spengler nahm sich des Daches an, ein Installateur der Leitungen. Einfach so, dem Gebot der Nachbarschaftshilfe gehorchend. Das Viertel entstand im 19. Jahrhundert als Wohngegend vor allem der farbigen Bevölkerung, der Kapmalayen. Ein Viertel der Arbeiterklasse, das ab 1867, als die Stadt ihre Bezirke nach Nummern ordnete, seinen berühmten Namen »District Six« erhielt.

Bald schon galt District Six als überbevölkertes Armenviertel, als Tummelplatz aller ethnischen Gruppen, als verrufene, anrüchige Gegend seiner Bordelle und Nachtlokale wegen, die vor allem von Matrosen auf Landgang gerne aufgesucht wurden. Das machte freilich auch seinen Reiz aus, den es auf die braven Bürger der Stadt ausübte. Nirgendwo sonst war es so einfach, abzutauchen und für ein paar Stunden in eine andere Welt zu gelangen, um sodann mit einem wohligen Schaudern wieder heimzukehren in die geordneten Verhältnisse von Gardens, Constantia oder Tamboerskloof.

»Abdullah Ibrahim hat hier seine Karriere begonnen, als er noch Dollar Brand hieß. Er ist einer von uns«, sagt Habab. »Der Jazz, das war die Musik des Viertels, sein Rhythmus. Es war die Musik der Freiheit, die hier gespielt wurde.« Man könnte die Gegend auch als »Harlem«, als das »East End« oder die »Kasbah« von Kapstadt bezeichnen, ist Sali Habab um keinen Vergleich verlegen. »Das war eine sehr selbstbewusste Bevölkerung, die in dem Wirrwarr an kleinen Straßen und Gassen lebte. Vor allem auf der Straße«, erinnert er sich. »Du konntest sie alle finden, Kleinkriminelle ebenso wie Literaten, Musiker und Sänger, Straßenhändler, Trickspieler, Prostituierte und Akademiker. Zusammen ergab diese Mischung eine Lebendigkeit, die sich auf die gesamte Stadt auswirkte.«

Dann ist Sali nicht mehr zu bremsen. Während er die Buitenkant entlang spaziert, skizziert er eine ideale Gesellschaft der Gleichheit und Solidarität, der Lebensfreude trotz widriger Umstände. Er beschwört den Geist des Widerstands gegen das Apartheidregime, die Leichtigkeit des Seins, den bewussten Genuss der Atmosphäre im Viertel. Das alles sei District Six gewesen. Und noch mehr. Eben Herz und Seele der Stadt. Ihr eigentliches Zentrum. »Das hier war das wahre Kapstadt«, wird Sali Habab nicht müde zu betonen.

Die allgegenwärtige Tuberkulose, die teilweise katastrophalen hygienischen Zustände, den Umstand, dass Meinungsverschiedenheiten oftmals auf die Schnelle mit dem Messer ausgetragen wurden, diese Seite von District Six spricht er nicht an.

Dass es mit dem Viertel nicht zum Besten stand, das war der Stadtverwaltung bereits in den zwanziger und dreißiger Jahren klar. Damals schon überlegt das Rathaus, wie mit District Six umzugehen sei und gelangt zur Radikallösung, es zu schleifen. Um statt seiner ein neues, sauberes Viertel zu errichten, das den Ansprüchen des wachsenden Verkehrs in Kapstadt gerecht werden soll. Damals bleibt es bei den Überlegungen.

1948 etabliert sich das Apartheidsregime. Von nun an richtet nicht nur der Magistrat sein Augenmerk auf das dichtest besiedelte Gebiet zwischen dem Kastell und Devil's Peak, nun wird es den Ideologen der Rassentrennung ein Quell steten Ärgernisses.

Zwei Jahre später passiert der »Group Areas Act« das Parlament. Auf Grund dieses Gesetzes werden alle ethnischen Gruppen voneinander getrennt und in eigene Wohnviertel umgesiedelt. Den Weißen sind die Filetstücke zugedacht. In Kapstadt das Areal des District Six.

1966 deklariert die Regierung Südafrikas den Stadtteil als Slum und als zukünftig weißes Wohngebiet. Kaum ist der Beschluss verkündet, werden die Bewohner verständigt, dass sie von heute auf morgen ihre Wohnungen zu verlassen und in die für sie vorgesehenen Gebiete in den Cape Flats zu übersiedeln haben. Wobei die Bürokratie darauf achtet, dass alte Nachbarschaftsbande zerrissen werden, die alte Identität sich im neuen Umfeld nicht weiter entwickeln kann. Im District Six stößt die Ankündigung auf Unglauben. Selbst als die ersten Bulldozer auffahren, verweigern sich viele Einwohner der Realität. Sie werden gewaltsam aus ihren Häusern und Wohnungen vertrieben.

Dann beginnen die Abrisstrupps ihre Arbeit. Straßenzug um Straßenzug versinkt im Schutt. Lediglich die Sakralbauten bleiben von der Zerstörung ausgespart. Sie stehen heute noch einsam und verlassen im Ödland, das in »Zonnebloem« (Sonnenblume) umbenannt wird. Ausgerechnet.

Sali Habab wird mit seiner Familie nach Athlone umgesiedelt. An den Rand der Stadt, in die Cape Flats. In aller Eile werden dort Häuser aufgezogen, seelenlose Wohnsilos, schäbige Einfamilienhäuser bar jeder Infrastruktur. Das Leben dort draußen ist trostlos. Alles, was den Menschen bleibt, sind Erinnerungen.

Inzwischen lebt Sali im Bo-Kaap. Die Erinnerung an seinen alten District lässt ihn dennoch nicht los. Im District Six Museum zeigt er auf alte Straßenschilder, auf den im Boden eingelassenen Stadtplan, auf Fotos und schwelgt in Erinnerungen. Dann treibt es ihn wieder hinaus auf die Buitenkant. An die Luft, in die Gegenwart.

Sali steigt in sein Auto und will durch die Straßen des Ödlands fahren. Vorbei an den Moscheen und Kirchen, an den Gebäuden des Cape Technicon. Um noch einen Blick auf Athlone zu werfen, wo er und seine Familie nach 1966 leben mussten. Die Cape Flats, wo die Siedlungen errichtet wurden, erzählt er, während er den Wagen westwärts steuert, zeichnen sich durch sandigen Boden aus. »Früher war die Kaphalbinsel eine echte Insel, dann fiel der Meeresspiegel. Die Landbrücke zwischen dem ehemaligen Festland und der früheren Insel, das sind die heutigen Cape

Flats. Wenn irgendwann wieder einmal der Meeresspiegel ansteigt, dann wird die gesamte Gegend überschwemmt«, sagt Sali. Also jenes Gebiet, in dem ein großer Teil der Bevölkerung Kapstadts lebt. In Wohnblocks, in Einfamilienhäusern, in Wellblechbaracken.

Dann wendet er sich wieder der Gegenwart zu. »Hier«, sagt er in Athlone, »dieser Schienenstrang bezeichnet eine Grenze zwischen den früher ethnisch getrennten Gebieten.« Jenseits der Gleise leben vor allem Inder. Die Häuser sind stattlich, die Vorgärten gepflegt. Es ist eine relativ wohlhabende Gegend. Diesseits der Gleise nimmt sich die Umgebung ärmlicher aus. »Hier durften nur Coloureds leben«, ein Anflug von Bitterkeit ist in seiner Stimme zu hören.

Schließlich konzentriert sich Sali auf die Errungenschaften des Neuen Südafrika. Er verweist auf neue Bahnstationen, auf Postämter, auf Gesundheitseinrichtungen und Schulen, darauf, dass man Grund und Boden endlich in Eigentum erwerben kann. Dass die Cape Flats den Menschen unter den nunmehrigen Bedingungen langsam zur Heimat werden.

Freilich nicht allen. 1995 wurde Zonnebloem in District Six zurückbenannt. Bei der Änderung des Namens wollte es die Stadt nicht belassen. Wer nachweisen kann, dass er ein Haus besessen hat, der soll sein Grundstück zurückerhalten. Über kurz oder lang, so sehen es die Planungen vor, soll das Viertel wieder erstehen.

»Das zieht sich«, konstatiert Sali. »Es ist nicht

einfach, altes Eigentum nachzuweisen, wenn man 1966 alles verlor, als man binnen Stunden die alten Wohnungen verlassen musste.« Andere finden die Urkunden und Papiere schlicht nicht wieder, haben sie verlegt. Vielleicht in einem Anflug von Verzweiflung vernichtet. Jetzt brauchen sie sie, um ihre Ansprüche geltend machen zu können.

»Die Restitution ist eine langwierige Sache, und egal, was die Verantwortlichen sagen, den alten District Six, den wird es nicht mehr geben. Der ist Geschichte. Es ist der ehrenwerte Versuch, die alte Ungerechtigkeit auszugleichen«, das honoriert Sali.

»Heute steht außer Frage, dass die Vernichtung des Districts ein Verbrechen war«, meint er. »Die Opfer sind als Opfer anerkannt. Ebenso wie eingestanden wird, dass es eine Katastrophe für Kapstadt war. Das ermöglicht es, wenigstens zum Teil im Sinne des alten Districts weiterzuleben, sein Erbe zu pflegen.«

Im Grunde, sagt er, als er sein Auto wieder vor dem Museum abstellt, habe sich die Regierung mit der Zerstörung damals ins eigene Fleisch geschnitten. Als Reaktion darauf sei der Widerstand angewachsen, habe auf einmal Bevölkerungsgruppen erreicht, die sich bis dahin neutral verhalten hätten. Dass es das Bo-Kaap noch gibt, sei zum Beispiel nur darauf zurückzuführen, dass Studenten der Universität alles unternahmen, dieses Viertel zu retten. Und dass Pretoria kein zweites Mal ähnliches internationales Aufsehen erregen wollte.

»Dadurch hat sich das Selbstbewusstsein Kapstadts verändert. Es war, als sei den Menschen bewusst geworden, wie verletzlich eine Stadt ist, wie gefährlich es ist, wenn man sie ihrer Wurzeln beraubt, ihrer Geschichte und Identität«, sinniert Habab. Kapstadt, sagt er, ist die Summe einer Vielzahl an Schicksalen, der europäischen Siedler, der Sklaven aus Indonesien, der politischen Gefangenen, der zugezogenen Schwarzen. »Wer eine dieser Wahrheiten ausblendet und vergessen machen will, der vergeht sich an der Stadt, der nimmt ihr die Seele.« Das sei wohl das eigentliche Erbe des District Six, dass man in der Vielfalt einer Stadt ihr positives und herausragendes Wesensmerkmal sieht. »In Kapstadt«, resümiert Habab, »steht das heute außer Frage.«

Mitten im Leben

*Die Rückkehr des Hafens in die Stadt als Zeichen des
Aufbruchs*

Dieser Blick ist noch jung und doch schon ein
Klassiker. Der Blick vom ersten Stock der Shop-
ping Mall Victoria Wharf auf den Tafelberg. Dazu
tritt man etwa am frühen Abend auf jener Seite,
die dem Victoria Bassin zugewandt ist, auf den
Balkon. Und schon erhebt sich der Berg. In fast
violettes Licht getaucht. Darunter breiten sich die
restaurierten viktorianischen Industriebauten der
Victoria & Alfred Waterfront aus. Lagerhallen, Bü-
ros, Uhrtürme, Kräne und Hafengebäude, dazu
Jachten, Kutter und Fähren vor Anker und pralles
Leben rundum. Wer immer hierher kommt, atmet tief ein. Atmet die Luft, die mit Salz versetzt
ist und mit ein wenig Diesel- und Seetangge-
schmack. Denn hier ist man – endlich – am Hafen.

Das ist für Kapstadt gar nicht so selbstverständlich. Schließlich hat die Stadt das Meer und
seinen Hafen konsequent verdrängt. Hinaus, aus
der Stadt. Bis in die dreißiger Jahre konnte man
auf der Long Street bis direkt zu den Molen gehen. Dann wurde der alte Hafen aufgeschüttet.
Damit die Stadt wachsen kann, und um einen leis-
tungsfähigeren Hafen zu erhalten. Damals verab-
schiedeten sich die Docks, Piere und Molen von
ihrem Dasein als integraler Bestandteil der Stadt.

Später, wie um die Distanz noch zu betonen, wurde eine Autobahn errichtet. Auf Stelzen führt sie parallel zum Hafen, der hinter Containerterminals kaum noch zu sehen ist. Dafür sieht man die Hochhäuser des Central Business District. Man sieht den Tafelberg. Dann endet die Autobahn. Die letzten Meter ragen ins Leere, als habe man mitten im Tun erkannt, dass man keine rechte Idee hatte, wohin die Autobahn noch weiter führen sollte. Ein urbaner Mythos behauptet, die Weiterführung der Straße sei an der horrenden Ablösesumme gescheitert, die ein Imbissbudenbesitzer verlangt habe, der hätte weichen müssen. Tatsache ist, die Autobahn endet. Und dort, wo sie endet, floriert eine Imbissbude. Doch vom Hafen ist auch hier nichts zu sehen.

Ausgerechnet in Kapstadt. In jener Stadt, die erst durch die Seefahrt wurde, was sie ist. Auch wenn der Hafen von Kapstadt schon lange nicht mehr der größte und auch nicht mehr der wichtigste im Land ist. Diese Position hat die Konkurrenz in Durban und Richard's Bay im fernen KwaZulu-Natal übernommen. Die liegen näher zu den Industriegebieten und Ballungsräumen von Gauteng rund um Johannesburg.

In all dem Überschwang der Landgewinnung wurde nur ein kleiner Teil des alten Hafens ausgespart. Das Victoria Bassin und das Alfred Bassin. Zwei kleine Becken, die mehr schon zu Greenpoint zählen als zum Stadtkern. Belassen wurden damit auch Docks, in denen vor allem Fischtrawler aus aller Welt repariert und gewartet werden. Und ein Platz für jene, die meinten, auf ein Boot oder einen Kutter nicht verzichten zu können.

Ein beinahe vergessener Ort. Auf jeden Fall ein vernachlässigter. Bis in den späten Achtzigern die Idee aufkam, diesen Platz zu nutzen. Nach dem Vorbild und Beispiel von San Franciscos »Fisherman's Wharf« und Sydneys »Darling Harbour«. Eine Idee, die die *Capetonians* zuerst ein wenig skeptisch beäugten. Wer will denn in einem alten Hafenteil, inmitten der Arbeit und des damit verbundenen Lärms und Geruchs, einen Drink bestellen und genießen? Wer *Crayfish* ordern und genüsslich verzehren? Wer soll denn ausgerechnet dorthin fahren, um einzukaufen?

Ganz Kapstadt. Und nicht nur die Stadt. Kaum ein Tourist, der Südafrika besucht, den es nicht zumindest für eine Stippvisite an die Victoria & Alfred Waterfront verschlägt. Zusammen mit dem Krüger-Nationalpark und dem Tafelberg ist das Areal rund um die beiden alten Becken seit seiner Eröffnung 1990 zu einem der drei beliebtesten und meistfrequentierten Touristenziele des Landes geworden.

Die *Capetonians* behaupten wacker, der Grund dafür sei allein darin zu suchen und zu finden, dass ihre Waterfront immer noch ein aktiver Teil des Hafens sei. Dass vor aller Augen in den Trockendocks gearbeitet wird, dass Schiffe an- und ablegen, dass die damit verbundene Geräusch- und Geruchsentwicklung als authentisch empfunden wird. Als ein Reiz, den weder das kalifornische noch das australische Vorbild aufweisen können.

Aseptische Welten seien diese, hört man zwischen den Worten heraus. Kapstadt hingegen, seine Waterfront, das sei das Echte, das Unverdorbene. Genau das würden die Menschen suchen.

Es hat in der Tat seinen Reiz, irgendwo nahe am Wasser zu sitzen und die verschiedenen Klänge zu hören, wenn Stahl auf Stahl trifft, wenn Schneidbrenner ihre sirrenden Laute von sich geben, wenn Kräne sich ächzend bewegen, wenn Kompressoren rattern und im Hintergrund möglicherweise ein Saxophon hingebungsvoll schluchzt. Wenn dann auch noch Arbeiter zu sehen sind, im Blaumann und mit Schutzhelm, und selber sitzt man da, trinkt einen Schluck Chardonnay oder Shiraz oder schlicht ein Castle Lager, dann schaut und lauscht und freut man sich, dass andere schwer rackern, während man selber dem gepflegten Müßiggang huldigt.

Wird es etwas ruhiger, hört man schon mal Seehunde plätschern, dann wieder nur das Wasser gegen die Kaimauer schwappen. Immer wieder tuckern Kutter vorüber oder es gleitet eine Yacht in den Hafen, in Richtung Marina, oder sie nimmt Kurs auf das offene Meer – das man inzwischen auch von der Waterfront aus kaum mehr sieht.

Denn die Waterfront wird in Windeseile zugebaut. Mit immer neuen Hotels, Appartementhäusern, mit neuen Ladenzeilen und Vergnügungscentern. Es gibt nichts, was es hier nicht gibt. Zumindest beinahe. Da freut sich dann auch so mancher, wenn er auf einmal einer original bayerischen Weißbierbrauerei ansichtig wird, und verspürt heimatliche Gefühle.

Das ist das eigentliche Erfolgsrezept der Waterfront. Sie ist ein Hafen relativer Sicherheit in turbulenten Zeiten. Sie ist eine saubere, geordnete Welt. Hier erinnert nichts an die sozialen Probleme, mit denen sich Südafrika konfrontiert sieht. Hier ist man unter sich, macht sich keine Sorgen, dass ein Raubüberfall passieren könnte, wo hier doch nicht einmal die Geschäfte mit Scherengittern gesichert sind. Zudem mischt sich alles, da stimmt ein Chor schwarzer Kinder ein Lied an, dort beatmet ein australischer Weltenbummler unermüdlich sein Didgeridoo und ums Eck macht sich ein kleines Orchester bereit für einen Auftritt, während das diskrete Sicherheitspersonal wenn schon nicht alles, so doch vieles im Auge und damit unter Kontrolle hat. Taschendiebstähle sind das Maximum an Kriminalität. Und das in einem Land, das anerkanntermaßen zu jenen Staaten mit der höchsten Verbrechensrate zählt.

Zu diesem Thema weiß jeder, selbst der Pauschal- und Busreisende einiges zu sagen. Von der Gefahr in den Innenstädten, von der Brutalität der Gangster, von der Unfähigkeit der Polizei, von der Häufigkeit der Morde. Jeder hat davon gelesen, zumindest davon gehört, dann aber von einem, der einen kannte, dem so etwas passiert ist. Am helllichten Tag. Im City Center oder in Johannesburg oder in Durban. Nicht aber hier. Nicht an der Waterfront.

Hier ist Sicherheit. Verbunden mit einer ungeheuren Anzahl an Restaurants, an Geschäften, Bars und Cafés, hier treffen die Welt des alten Hafens und jene des ungehemmten Konsums aufeinander.

Und doch, die Victoria & Alfred Waterfront ist mehr, als es die Spötter sich eingestehen wollen. Sie ist ein Teil Kapstadts, sie hat den Hafen wieder in und an die Stadt herangeführt. Schon werden neue Becken ausgehoben, tastet sich das Meer über einen Kanal in Richtung Stadtzentrum und damit landeinwärts. Das ist die wichtigste Leistung der Waterfront. Sie hat ein neues Kapitel im Selbstverständnis der Stadt eröffnet.

Über Jahrzehnte waren Kapstadt und das Land von der Welt abgeschnitten, auf sich selbst zurückgeworfen. Nun zeigt sich die »Mutterstadt« wieder weltoffen und freizügig. Als pulsierende Metropole, die ihre Chance nutzt und mehr ist als nur ein beliebtes Touristenziel. Als eine Stadt, die an ihre Zukunft glaubt, ohne deswegen die Vergangenheit auszusparen. Das alles ist in der Waterfront präsent. Sie hat Geschichten zu erzählen, das gibt ihr letztlich eine Seele.

Im Zeichen des Propheten

Das Bo-Kaap, pittoresk, islamisch und ein wenig fremd

Es gibt sie noch, die Grenzen in den Köpfen. Grenzen, die viele *Capetonians* nicht gerne überschreiten. Etwa jene unsichtbare Linie, die von der Buitengracht markiert wird, wobei »Buiten« nichts anderes als eben Grenze bedeutet, wodurch sich wiederum die Ausdehnung des alten Kapstadt anhand der Straßennamen exakt nachvollziehen lässt.

Wer vom Stadtzentrum aus gesehen die Buitengracht überquert, in Richtung Signal Hill, der verlässt das Dicht an Dicht von viktorianischen Häusern mit modernen, hochragenden Bürobauten und findet sich wieder in einer geordneten Umgebung kleiner, einstöckiger, teils bunt bemalter Häuser und steil ansteigender Straßen mit Kopfsteinpflaster. Ein pittoreskes Viertel. Sauber und anständig. Fern der gewissen gepflegten Leichtlebigkeit des City Centers.

»Das ist das Malay Quarter«, sagen dann manche *Capetonians*. »Dort leben die Moslems.« Das sagen sie mit einer gewissen Vorsicht in der Stimme. So, als hätte sich jenseits der Buitengracht eine saudiarabische Enklave etabliert. Sicher, sie kennen das Viertel, das auch als Bo-Kaap bekannt ist. Sie sind alle schon einmal durch die Straßen bergan marschiert. Bis zum »Noon Gun Tea

Room«, um dort eben einen Tee zu trinken. Um ein *Samoosa* zu verzehren. Nur, sagen sie dann, ein wenig unheimlich war es schon. Wenn auf der Straße vermummte Frauen zu sehen waren. Zudem, so führen sie aus, legen die Menschen im Bo-Kaap auch gar keinen gesteigerten Wert auf Leute von außerhalb. Die wollen unter sich bleiben, sagen sie. Und bedauern, dass man in dieser Gegend fast keine Möglichkeit hat, ein Haus zu finden. Dabei wäre sie doch so pittoresk. Vor allem aber sicher. Denn, so wissen sie, die Moslems hier, die halten zusammen. Die schauen aufeinander. *Neighbourhoodwatch*, das wird hier gelebt. Und zwar effektiv.

Der Zusammenhalt zeichnet die Bewohner des Bo-Kaap tatsächlich aus. Ein Zusammenhalt, der sich in erster Linie auf den gemeinsamen Glauben stützt. Mag in anderen Gegenden Kapstadts die muslimische Bevölkerung ein wenig nachlässig in Sachen Religionsausübung sein, im Malay Quarter werden die Traditionen in Ehren gehalten.

»Die Geschichte des Islam am Kap ist ungewöhnlich«, meint Kareema. Sie sitzt im Noon Gun Tea Room am Ende der Longmarket Street. Knapp unterhalb des Signal Hills, von wo aus man einen prachtvollen Blick auf das Bo-Kaap und die Stadt hat. »Überall sonst in Afrika waren es die arabischen Eroberer, Händler und Sklavenjäger, die unsere Religion verbreiteten. Nach Kapstadt kam der Islam als die Religion der Sklaven und der politischen Gefangenen aus Indonesien.«

Kaum hatten Jan van Riebeeck und seine

Mannschaft 1652 ihre Zelte aufgeschlagen, gelangten die ersten Menschentransporte aus den neuen holländischen Besitzungen im heutigen Indonesien an das Kap. »Die einen«, erzählt Kareema, »waren politische und religiöse Führer, die hier fernab ihrer Heimat interniert wurden. Die anderen eben Sklaven, die Kapstadt erst aufbauten.«

Der Beitrag den die »Malayen«, so die an sich inkorrekte Bezeichnung, zum Werden und Sein der Stadt leisteten, ist tatsächlich immens. Sie waren die Handwerker, die Dienstleister, die Maurer, Lastenträger, Schneider, Bäcker und Köche, die Kunsthandwerker, Dachdecker, Fischer und Feldarbeiter Kapstadts. Sie übten später einen nicht zu unterschätzenden politischen Einfluss aus.

Vorerst aber sahen sie sich rigorosen Einschränkungen ihres religiösen Lebens gegenüber. Denn die Niederländer untersagten jegliche offene Religionsausübung, die in Konkurrenz zu ihrer Niederländisch Reformierten Kirche hätte treten können. Selbst andere christliche Strömungen, einerlei ob protestantisch oder katholisch, wurden nicht anerkannt. Dennoch schrieb der ans Kap verbannte Scheich Yusuf al Maqasari zwischen 1694 und 1699 den Koran aus dem Gedächtnis nieder.

Für die Moslems am Kap sollte diese Niederschrift über ein Jahrhundert lang die einzige authentische Quelle ihres Glaubens werden.

Abgeschottet von den Entwicklungen in der islamischen Welt, ohne theologische Ausbildung und ohne religiöse Lehrer, gerann der Islam in Kapstadt zu einer Religion, die eher zeremoniell denn praktisch ausgeübt wurde. »Überlebt«, wirft Kareema ein, »überlebt hat er dennoch.«

Nicht nur überlebt. Im späten 18. Jahrhundert verfasste Tuan Guru, auch er ein politischer Häftling auf Robben Island, ein Lehrbuch, das es der moslemischen Gemeinde erstmals erlaubte, sich grundlegend mit ihrem Glauben auseinander zu setzen. 1795 entstand in der Dorp Street die älteste Moschee Kapstadts, die Auwal-Moschee, in der die Imame auf Afrikaans predigten.

Zu diesem Zeitpunkt war das Hoch-Niederländisch noch die offizielle Sprache der Weißen am Kap, Afrikaans – ein kreolisiertes Niederländisch – hingegen die Sprache der Sklaven und *Coloureds*. Es waren die islamischen Geistlichen, die erstmals eine Grammatik des Afrikaans niederschrieben und damit den Grundstein für das spätere Idiom der Buren legten.

Der Anteil der Moslems an der Gesamtbevölkerung am Kap war in diesen Tagen noch relativ gering. Dass er bis 1838 auf ein Drittel anstieg, hatte indes nichts mit einer erfolgreichen moslemischen Missionstätigkeit zu tun, sondern vielmehr mit der Sklavenbefreiung.

Von Britisch-Indien aus setzte sich langsam aber stetig das Verbot der Sklaverei durch. Auch am Kap. Wobei von dem Verbot vorerst nur Christen betroffen waren. Für die Bauern und Handelsherren Kapstadts kein Problem. Sie beugten sich den neuen Vorschriften – und drängten ihre Leibeigenen, den Glauben zu wechseln. Schon im Jahr 1800 herrschte in jenen Rängen der Groote Kerk, die bisher den Sklaven vorbehalten waren, gähnende Leere. 1838 schließlich wurde die Sklaverei von den Briten auch in der Kapkolonie endgültig abgeschafft.

Gezählte sechstausendvierhundertfünfunddreißig Moslems lebten 1842 am Kap. Achthundertdreißig von ihnen wurden in das Wahlregister eingetragen und stellten somit nur knapp weniger als fünfzig Prozent der gesamten Wählerschaft. Dass es dennoch nie zu einem wirklich geschlossenen Auftreten dieser Gruppe im politischen Leben der Stadt kam, mag damit zusammenhängen, dass es innerhalb der Gemeinde tief greifende theologische Dispute gab, die selbst die Kolonialverwaltung beschäftigten. Letztlich sahen sich die Briten gezwungen, in Istanbul vorstellig zu werden und um die Entsendung eines moslemischen Gelehrten zu bitten. Dessen Ankunft und Wirken freilich vorerst Anlass zu weiteren Auseinandersetzungen gab.

Wie sehr Christen und Moslems in ein- und derselben Stadt nebeneinander her leben – damals wie auch heute – zeigte sich während der Pockenepidemie im Jahr 1882. Da beschuldigten die Christen die Moslems, sie würden sie gezielt anstecken, da klagten die Moslems, die Christen wollten sie mit Hilfe der Seuche schwächen. Erstmals wurde sogar laut überlegt, ob es nicht besser sei, die Moslems in eigene, abgegrenzte Gebiete umzusiedeln.

»Das Bo-Kaap«, erzählt Kareema, »war ursprünglich durchaus kein moslemisches Viertel. Vielmehr lebten hier europäische Künstler und Beschäftigte der Ostindischen Kompanie. Ihnen verdankt das Viertel seine georgianische Architektur. Erst ab 1834 begannen die Moslems sich hier in größerer Zahl niederzulassen.« Rund um die Auwal-Moschee und in unmittelbarer Nähe zu dem alten islamischen Friedhof.

Seither ist das Bo-Kaap das Zentrum islamischen Lebens am Kap. »Die Menschen hier sind sehr traditionell und dem Alten verpflichtet«, so Kareema. Das, die Armut und der Umstand, dass die Stadt über Jahrzehnte kein Interesse an dem moslemischen Viertel zeigt, trägt dazu bei, dass es seinen ursprünglichen Charakter erhalten hat.

Wandert man durch die Straßen und Gassen, ist es beinahe, als unternähme man eine Zeitreise. In ein Kapstadt, das es nicht mehr gibt. Die kleinen, einstöckigen Häuser kleben aneinander. Meist weisen sie nur zwei Fenster und eine Eingangstür zur Straße hin auf. Oft betritt man sie über eine Art offene Veranda, die mit Steinbänken versehen ist. So etwa muss die Stadt vor zweihundert Jahren ausgesehen haben.

Das Bo-Kaap war lange Zeit ein Armenviertel. Das Apartheidregime setzte eine Zeit lang sogar darauf, dass es verslumt und die Zustände selbst für die Bevölkerung so unhaltbar werden, dass sie das Gebiet freiwillig aufgibt. Die aber dachte nicht daran. Der Druck schweißte die kleine Gemeinde noch mehr zusammen. Es ist mithin nicht ausschließlich die Religion, die die Menschen des Bo-Kaap Außenstehenden gegenüber ein wenig misstrauisch werden ließ.

Mittlerweile gehört ein wenigstens kurzer Abstecher in das Viertel zu fast allen Kapstadttouren. Aus dem Bus sieht man die farbenprächtigen Häuser, hört ein wenig zur Geschichte. Und schon geht die Fahrt weiter. Auch auf diese Art und Weise kann der Nimbus einer Gegend, in die man als Fremder zu Fuß besser nicht vordringt, aufrechterhalten werden.

Wer sich unauffällig kleidet, Wertsachen zu Hause lässt und nicht in die engsten und kleinsten Gassen vordringt, kann das Bo-Kaap dennoch per pedes erkunden. Und so einen Eindruck von seiner Vielfalt und einen Einblick in das Leben vor Ort gewinnen.

Hier hört man das weiche, melodiöse Afrikaans der Coloureds. Da oder dort streichen einem die süß-würzigen Düfte der kapmalayischen Küche um die Nase. Dann und wann sieht man auch offene Türen, die in akkurat aufgeräumte Häuser führen, sieht man Kinder noch mitten auf der Straße spielen und erhascht unter Umständen sogar einen Blick einer verschleierten Frau. Das Bo-Kaap ist auf seine Weise exotisch. Für Kareema, die in Stellenbosch aufgewachsen ist, und die sich als »Muslima der Papierform nach« bezeichnet, ist jeder Besuch wie ein Erkunden ihrer Wurzeln, meint sie.

»Viele andere ähnliche Gegenden sind unseren Leuten verloren gegangen. Und ich rede nicht nur vom District Six, selbst aus Simonstown mussten die Moslems weichen, obwohl sie dort die Mehrheit der Bevölkerung stellten. Das hier ist uns nie genommen worden, es ist sicherlich der wichtigste Ort für unsere Identität«, überlegt sie. Sie sitzt immer noch im Noon Gun Tea Room. Es ist später Nachmittag geworden. Das Licht wird sanfter, lässt die Farben der Häuser noch einmal intensiv aufleuchten. Vom Atlantik her weht eine Brise, bringt die frische Meeresluft bis hier herauf.

»Vielleicht ist es gar nicht so schlecht, dass das Bo-Kaap von vielen als ein etwas geheimnisvoller Ort betrachtet wird«, sinniert Kareema. »So erhält es wenigstens weitgehend seinen Charakter und wird nicht zu einer Kulisse.« Dann steht sie auf, nimmt ihre Jacke und schlägt vor, noch einen kleinen Abstecher zu unternehmen. »In die Chiappini Street und dann durch den Torbogen in die Wale Street und weiter zur Auwal-Moschee. Die bunten Häuser in der Chiappini zählen zu den schönsten in ganz Kapstadt. Ein Augenschmaus. Und das Beste ist, kaum jemand weiß um diese Schönheit, weil sie diesseits der Buitengracht liegt.«

Die im Schatten

*Lange Zeit terra incognita, öffnen sich die Townships
langsam auch Besuchern*

Sie heißt Eve, sagt sie: »Das ist einfacher als mein
Xhosa-Name«. Eve also steht in der Tür eines
Containers am Rande einer staubigen Straße. Gerade zieht ein Begräbniszug vorüber. Vorneweg
der Sarg, gefolgt von Hunderten Menschen. Es
werden immer mehr. Sie kommen aus den Baracken, sie verlassen ihre Geschäfte, unterbrechen
ihre Arbeit und schließen sich der Trauergemein-
de an. »Das ist bei uns so Sitte«, erklärt Eve. »Ein
Toter, selbst wenn man ihn kaum kennt, wird dadurch geehrt, dass man ihm das letzte Geleit
gibt.«

Eve aber bleibt in ihrem Container. Sie wird
hier gebraucht, sagt sie. Jeden Moment könnte jemand kommen und sie um Rat fragen oder um
Medizin. Eve ist eine *Sangoma*, eine traditionelle
Heilerin. Im Inneren des Containers, der ihre Pra-
xis ist, stapeln sich Felle und Knochen, Kräuter
und fremdartige Mixturen. Eine schwache Glüh-
birne sorgt, wenn schon nicht für Licht, so doch
für einen Anflug von Helligkeit.

Betritt man den Container, so dauert es seine
Zeit, bis man in dem Halbdunkel Eve ausmachen
kann.

Eve kommt aus der Provinz Eastern Cape. Genauer gesagt aus jenem Teil, der bis 1994 als das Homeland Transkei bekannt war. »Meine Ahnen haben mir vor zehn Jahren gesagt, dass ich nach Kapstadt gehen soll«, meint sie leichthin. Jetzt lebt sie in dem vergleichsweise kleinen Township KTC an der Grenze zu dem ungleich bekannteren Township Kayelitsha.

Steht man vor dem Container, dann sieht man nur Baracken und Buden, fragile Zäune, hinter denen Geflügel im Sand scharrt, Geschäfte, Werkstätten und die als *Shebeens* bekannten illegalen Schänken; man sieht Menschen, die arbeiten, Menschen, die Waren transportieren und Kinder, die spielen. Der Geruch von Staub liegt in der Luft, vermengt mit jenem von Holzfeuern.

Das Meer ist weit. Nicht einmal eine Ahnung. Und der Tafelberg zeigt sich hier nur von hinten. Eine ungewohnte Ansicht.

»Doch, doch«, versichert Eve, »das hier ist Kapstadt. Hier ist das afrikanische Kapstadt.« Das afrikanische Kapstadt, wie Eve sagt, ist das jüngste Kapstadt. Es besteht in erster Linie aus den Townships, die vor allem in den letzten Jahrzehnten entstanden.

Der Zuzug der Schwarzen an das Kap hatte bereits im 19. Jahrhundert in größerem Ausmaß eingesetzt. Eine erste Zäsur erfuhr das Zusammenleben von Schwarz und Weiß nach der Pestepidemie 1901, als die Schwarzen in die Cape Flats ausgesiedelt wurden. Seither ist das flache, sandige Land ihr Hauptwohngebiet. Obwohl das Apartheidregime das Kap ausschließlich für

Weiße und *Coloureds* als Siedlungsgebiet vorgesehen hatte.

Ein Vorhaben, das sich nicht in die Tat umsetzen ließ. Ein Faktum, dem sich sogar die Regierung beugen musste. So errichtete sie in Langa, Gugletu und Nyanga Hostels ebenso wie winzige Behausungen, Matchbox-Häuser, die ursprünglich für die Dauer von neunundneunzig Jahren vermietet wurden. Erst seit 1984 können die Bewohner ihre »Häuser« auch im Eigentum erwerben.

Damals, Mitte der achtziger Jahre, erreichte der Zuzug aus den ländlichen Gebieten seinen Höhepunkt. Alle sechsundzwanzig Minuten, so errechneten die Statistiker, wurde eine neue behelfsmäßige Baracke errichtet. Und binnen kürzester Zeit entstanden Kayelitsha, Crossroads und KTC. Wobei Letzteres ein geradezu winziges Township ist. Mit gerade einmal rund zwanzigtausend Einwohnern. Kayelitsha – ausgerichtet auf dreißigtausend – zählt inzwischen weit mehr als sechshunderttausend und Crossroads über eine Million Bewohner. Und sie wachsen weiter.

»Sie wachsen so schnell, dass die Regierung mit dem Wohnraumprogramm gar nicht nachkommt«, sagt Eve. In KTC ist dennoch schon etwas davon zu sehen. Kleine, einfache Häuser, mit mehreren Zimmern und einem kleinen Garten. Zwei Grundvarianten werden angeboten. Die Pläne stammen aus den USA. Der ehemalige Vizepräsident Al Gore setzte sich für eine kostengünstige Lösung ein. Für eine, die fürs Erste den Menschen ein passables Dach über dem Kopf sichert, und die später ausgebaut werden kann. »Noch sieht das sehr einfach aus und uniform«, meint auch Eve. »Aber das wird sich im Laufe der Zeit geben. So wie sich alles ändert im Leben.«

Vielen gehen die Änderungen zu langsam. Dass bei weitem noch nicht alle Bewohner ein eigenes Haus haben, mag noch angehen. Dass hingegen noch immer nicht alle mit Strom und Wasser versorgt worden sind, das sorgt bisweilen für Ärger und Kritik an der ANC-Regierung. »Immerhin haben wir nun eine Post in KTC«, wendet Eve ein. Mit Postfächern und öffentlichen Telefonzellen, die im Grunde genommen schon wieder zu spät kommen. Auch in den Townships ist das Mobiltelefon zu einem unentbehrlichen Utensil des Alltagslebens geworden.

»Was hier passiert, ist ein tief greifender Wandel«, beobachtet die *Sangoma*. »Nehmen wir die jungen Männer in der Shebeen gegenüber. Sie tragen Goldketten und goldene Ringe. Früher wäre eine so offene Zurschaustellung von Wohlstand undenkbar gewesen. Das ist der Einfluss der Stadt, der aus Menschen vom Land Andere macht.«

Es entsteht etwas Neues, ist sie sich sicher. Ob es ihr gefällt, lässt sie dahingestellt. Als Heilerin kommt ihr eine besondere spirituelle Rolle zu, sie fungiert als Mittlerin zwischen den Welten, jener der Ahnen und jener der Lebenden. Die Ahnen haben ihr im Traum gesagt, dass sie eine *Sangoma* ist, sie geben ihr Hinweise, sie haben sie nach

Kapstadt geschickt. Den Ahnen, sagt Eve, ist unbedingt zu gehorchen.

Das tun nicht mehr alle. Eine Entwicklung sieht Eve besonders kritisch: »Unter den Weißen sind die Sangomas als Heiler sehr beliebt. Als Alternativmediziner. Doch seit manchen klar wurde, dass man damit Geld verdienen kann, geben sich immer mehr unserer Leute als Sangoma aus, die gar keine sind, die die Ausbildung nicht durchlaufen haben. Sie schädigen uns und unseren Ruf und die Menschen, die ihnen vertrauen.« Sie hat acht Jahre lang alles gelernt, was eine *Sangoma* wissen muss.

Christine vertraut ihr. Christine wohnt weitab von KTC, im wohlhabenden Blouberg, wo sie ein Fachgeschäft für Farben und Lacke betreibt. KTC ist ihr mittlerweile vertraut. So wie sie in dem Township ein vertrauter Anblick auf den staubigen Straßen ist. Christine, die Weiße.

»Zwei meiner Mitarbeiter haben mich einmal eingeladen, sie zu besuchen«, erinnert sie sich. Das war ihr erster Besuch in den Cape Flats. »Was ich erlebt habe, die Freundlichkeit, die Aufnahme, die Gastlichkeit, aber auch die Probleme, das alles hat mich bewogen, immer wieder zu kommen. Und dort zu helfen, wo ich es kann und wo es sinnvoll ist.« Christine will Hilfe zur Selbsthilfe leisten. Sie gibt Tipps. Sie weiß, wie man mit den Behörden umgeht, sie lässt sich vom Papierkrieg nicht unterkriegen. Sie vermittelt die Kulturtechniken, die notwendig sind, in der neuen Zeit zu reüssieren.

Wenn Christine nach KTC fährt, schaut sie regelmäßig bei Eve vorbei. Um zu reden. Vor allem um zuzuhören. »Es ist eine andere Kultur, von der wir bisher so wenig mitbekommen haben. Und es ändert sich gleichzeitig so viel.«

Dass Besucher inzwischen in die kleinen Behausungen hereingebeten werden, das hätte es früher nicht gegeben. Die Räume sind niedrig und eng. Die Wände sind mit den Etiketten von Konservendosen tapeziert. Manche mit immer dem gleichen Etikett. Andere wieder spielen mit Farben und Darstellungen. »Township-art heißt das«, erklärt Christine. »Die Kunst, selbst unter widrigsten Bedingungen sich Farbe und Schönheit, sich einen eigenen Stil in den Hütten zu schaffen, steht hoch im Kurs.« So hoch, dass inzwischen sogar schon Bed and Breakfasts in den Townships eröffnet haben (in Kayelitsha gar das kleinste Hotel der Welt) und Reisenden die Möglichkeit bieten, mit Familienanschluss für einen Tag oder mehrere Tage das Leben in den Townships zu erleben.

Es gibt auch schon Bildbände, die sich nur mit dieser Art der Dekoration beschäftigen. Die Elendsquartiere werden zu Trendsettern. Zu einem Wahrzeichen südafrikanischer Lebensart. Eine beachtliche Karriere. Eine, die das Leben für Außenstehende schöner erscheinen lässt, als es ist.

Es hat sich manches gebessert. Es gibt nicht nur das Postamt. Es gibt auch eine Schule. Eine ganz einfache, zusammengestellt aus großen Stahlcontainern. Aber sie bieten Platz für Tische, Stühle und Tafeln. Am Nachmittag probt der Chor. Aus einem der Container dringt vielstimmiger Gesang, rhythmisches Klatschen und Stampfen. Immer wieder perlt eine Stimme aus dem Vielklang. Erhebt sich, sichert sich alle Aufmerksamkeit.

Manche Passanten bleiben stehen, hören zu, andere ziehen weiter, mit einem Huhn unter dem Arm, mit Einkäufen vom Markt. Wieder andere versammeln sich unter einem Baum, schauen dem Treiben vor der Schule und auf der Straße zu.

»Wir haben doch immer ein falsches Bild von den Townships gehabt«, sagt Christine. »Wir konnten uns nie vorstellen, dass die Menschen hier leben, lieben, lachen, weinen. Dass sie an sich ganz normale Leben führen. Nur unter anderen Bedingungen. Für uns waren die Townships immer so etwas wie ein schwarzes Loch, das alles verschlingt, was sich ihm nähert. Also haben wir Abstand gehalten, aus Angst erfasst zu werden, und in etwas hineingezogen zu werden, das uns fremd ist.«

Nein, das Leben in den Townships ist kein Idyll. Sagt Christine, sagt Eve, sagen die Männer in der *Shebeen*, die Frauen auf dem Markt. Es ist hart. Es ist ein Kampf ums Überleben, um jeden einzelnen Rand. Und es gibt sie immer noch, die Viertel, die von Gewalt beherrscht werden, in denen die Gangs herrschen, in denen Schutzgelderpressung, Vergewaltigungen und Morde an der Tagesordnung sind.

Aber, sagen sie dann alle unisono, es ändert sich etwas. Das Leben, der Rhythmus, die Perspektiven. Am meisten ändert sich die junge Generation, eine, die nach neuen Orientierungen sucht, die Tradition auch mal Tradition sein lässt, sich statt dessen die US-amerikanische Jugendkultur zum Vorbild nimmt.

Das gefällt nicht allen. Das mag in Zukunft für Konflikte sorgen. »Weshalb«, fragt Eve, die *Sangoma*, »verschwindet immer erst das Alte, bevor etwas wirklich Neues entsteht?« Aber dann schränkt sie ein, dass letztlich die Änderungen doch positiv sind. Denn, da ist sie sich sicher, irgendwann suchen auch die Jungen nach ihren Wurzeln. Dann wird Eve bereit sein, von den Ahnen zu sprechen und von der Moral und der Ethik der Xhosa. Damit die alten Werte einfließen können in das Neue, das in den Townships von Kapstadt entsteht.

Art Deco und Kap Barock

Ein architektonischer Streifzug durch Kapstadt

Das Zentrum Kapstadts weist alles andere als berauschende Dimensionen auf. Ehe man es sich versieht, gelangt man von der Buitenkant im Westen zur Buitengracht im Osten, von der Strand Street und der Waterkant im Süden zum Buitensingel im Norden. Dennoch beherbergt das kleine Geviert eine Vielzahl architektonischer und historischer Sehenswürdigkeiten.

Das älteste Gebäude Kapstadts ist das Kastell, das an die Grand Parade und die Strand Street grenzt. Jan van Riebeeck ließ ursprünglich ein wenig weiter westlich eine Befestigungsanlage aus Lehm errichten, die zwischen 1666 und 1679 durch das heute noch existierende Fort mit seinen fünf Basteien und dem Burggraben ersetzt wurde. Wiewohl es von außen betrachtet kein beeindruckendes Festungswerk ist, beherbergt es in seinen Innenhöfen unter anderem in der einstigen Residenz des Gouverneurs einen bezaubernden Rokokovorbau sowie die sehenswerte William-Fehr-Sammlung, die unter anderem Chinesisches Porzellan aus dem 17. und 18. Jahrhundert, Möbel des 18. und 19. Jahrhunderts sowohl indonesischer wie Kapstädter Herkunft und alte Ansichten der Stadt enthält.

Das Kastell diente lange Zeit ausschließlich

dem Militär und fungierte bis vor kurzem noch als Sitz eines der Oberkommanden der südafrikanischen Streitkräfte. Auf die wechselvolle politische Vergangenheit weisen unter anderem die chronologisch angeordneten Flaggen all jener Staaten hin, die am Kap die Macht innehatten beziehungsweise innehaben.

Der weitläufige Platz der Grand Parade trennt das Kastell vom »neuen« Rathaus. Die Grand Parade, die heute in erster Linie als riesiger Parkplatz dient, ist sicherlich der politischste Platz der Stadt, wenn nicht ganz Südafrikas. Hier übergaben die Niederländer 1806 die Schlüssel der Stadt und somit die Macht am Kap an die Briten, hier übergaben die Briten 1910 die Insignien der Herrschaft und die Schlüssel zum Kastell im Rahmen einer Parade an die neue Union von Südafrika, und von einem Balkon des Rathauses aus sprach Nelson Mandela zum ersten Mal nach seiner Freilassung 1990 zu hunderttausend Demonstranten auf dem Platz und zu den Menschen Südafrikas.

Das Rathaus selbst ist im opulenten Stil der Neorenaissance gehalten. Ein massiger Bau, der bei den *Capetonians* lange Zeit auf ästhetische Vorbehalte stieß. Die architektonischen Perlen liegen gleichsam in seinem Rücken.

In den zwanziger und dreißiger Jahren des 20. Jahrhunderts erfasste ein Bauboom die Stadt. Die neu definierte Eigenstaatlichkeit, die wichtigere politische und diplomatische Rolle Südafrikas in der Welt nach dem Ersten Weltkrieg und seine zunehmende Wirtschaftskraft fanden ihren

Niederschlag unter anderem im Bau einer Reihe höchst bemerkenswerter Art-Deco-Gebäude. In erster Linie handelt es sich dabei um Bürobauten, die an die Stelle älterer, zumeist viktorianischer und georgianischer Häuser traten und die bis heute dem Zentrum Kapstadts ihren Stempel aufdrücken.

Unübersehbar ist das Hauptpostamt in der Darling Street. Ein hoch aufragender Art-Deco-Bau, der in den Jahren 1938 bis 1940 aus Granit aus dem Transvaal und vom Kap errichtet wurde. Vis-à-vis erhebt sich das Old Mutual Gebäude, einst Südafrikas höchstes Haus, das in seiner Solidität und Formensprache Erinnerungen an das New Yorker Chrysler Building weckt. Sein Architekt W. H. Louw gilt als Erfinder des modernen Stils der burischen Kirchen. Der Bildhauer Ivan Mitford-Barberton steuerte die phantastischen Skulpturen, Friese und Fresken bei, die Geschichte, Menschen, Flora und Fauna Südafrikas darstellen.

Die größte Konzentration an Art-Deco-Gebäuden aber findet sich rund um den Greenmarket Square. Das imposante ehemalige Shell-Haus beherbergt nunmehr ein Hotel, das Namaqua-Haus besticht durch seine grüne und marmorne Fassade auf Straßenniveau, das Kimberley-Haus weist eine superbe Sandsteinbasis auf, das angrenzende Commercial Union Building besticht durch schwarzen Marmor und pinkfarbenen Granit.

Konterkariert wird die massive Architektursprache der zwanziger und dreißiger Jahre auf dem Greenmarket Square durch das alte Rathaus, oder Bürgerwachthaus. Ein graziles Bauwerk aus dem Jahr 1755, das trotz seiner beschwingten Rokokofassade seinen kapholländischen Ursprung nicht verleugnen kann. Wiewohl es so viel kleiner und zarter als seine benachbarten Gebäude ist, dominiert es durch seine schlichten Linien und seine strahlend weiße Fassade den Platz.

Ursprünglich als Haus der Stadtwache errichtet, wurde es später auch als Lagerhaus für Wein, als Sitz des Bürgersenats und als Rathaus genutzt. Heute beherbergt der Bau, der in vielerlei Hinsicht an alte niederländische Gildenhäuser erinnert, die Michaelis Art Collection, die als eine der bemerkenswertesten Sammlungen niederländischer und flämischer Meister aus dem 17. Jahrhundert außerhalb der Niederlande gilt.

Unweit des alten Rathauses, jenseits der Adderley Street auf dem Church Square befindet sich die Groote Kerk aus dem Jahr 1841, die als Hauptbau der Niederländisch Reformierten Kirche diente. Ein schlichter wiewohl eleganter Bau in Weiß. Am bemerkenswertesten indes ist der Blick auf das Gotteshaus von der Adderley Street aus. Denn dort schiebt sich ein Bürohaus vor die Kirche, das durch einen gekonnten Schwung in seiner Backsteinfassade dennoch die Sicht auf den vergleichsweise kleinen Sakralbau erlaubt.

Unweit der Groote Kerk, am oberen Ende der Adderley Street, wo sie in die Government Avenue übergeht, befindet sich das Kulturhistorische Museum. Ein schlichtes Gebäude mit opulenter

Geschichte. 1679 wurde es als Unterkunft für mindestens fünfhundert Sklaven errichtet (auf der Verkehrsinsel in der angrenzenden Spin Street erinnert eine Tafel an die Stelle, wo einst jener Baum stand, unter dessen Krone die Sklaven versteigert wurden). Im 17. und 18. Jahrhundert diente es zudem als Bordell für Soldaten und Matrosen – die auf diese Weise das Ihre für den Zuwachs an Sklaven im Dienste der Ostindien Kompanie beitrugen. 1813 wurde das Haus einer neuen Bestimmung zugeführt. Der Oberste Gerichtshof richtete sich darin ein. Zwischen 1834 und 1884 beanspruchte das Parlament Teile des Gebäudes. In den fünfziger Jahren des 20. Jahrhunderts – der Gerichtshof war zuvor ausgezogen – überlegte die Stadt, das Bauwerk abzureißen. Statt dessen richtete sich das bereits erwähnte Museum ein.

Ein in jeder Hinsicht bemerkenswertes Ensemble, insbesondere ihres architektonisch selbstbewussten Auftretens wegen, bilden das Martin-Melck-Haus und die alte Lutheranische Kirche an der Strand Street. Das kommt nicht von ungefähr.

1746 gelangte Martin Melck aus Deutschland nach Kapstadt, ein – so wird berichtet – exzellenter Steinmetz und tiefgläubiger Protestant, der unter der Herrschaft der Ostindien Kompanie aber nur die Messen der Niederländisch Reformierten Kirche besuchen durfte. Von religiösen Fragen ließ sich Melck offenbar nicht weiter aufhalten, er suchte sich so rasch wie möglich zu etablieren. Binnen fünf Jahren besaß er bereits ein Pferd, achtundvierzig Rinder sowie viertausend Weinstöcke. Um 1770 galt er als reicher Mann. Und als einflussreich innerhalb der großen deutschen, lutheranischen Gemeinde am Kap, die seit Jahren vergeblich um eine eigene Kirche angesucht hatte.

Melck entschied, dass es an der Zeit sei zu handeln. Er kaufte an der Strand Street ein Stück Land und errichtete eine Scheune, die den Lutheranern alsbald als – illegale – Kirche diente. Trotz verschiedentlicher Proteste seitens der Holländer änderte sich an diesem Status nichts. 1780 schließlich lockerte die Ostindien Kompanie das religiöse Regime und gestattete anderen christlichen Gemeinschaften Sakralbauten und Kleriker. Kurzerhand bauten die Lutheraner die Scheune endlich offiziell zu einer Kirche und das angrenzende Martin-Melck-Haus zur Pfarrei aus. Diese ist eines der besten Beispiele eines typischen kapholländischen Stadthauses und beherbergt heute das »Gold of Africa Museum«. 1820 schließlich versahen die Lutheraner ihre Kirche auch noch mit einem Kirchturm, was prompt ein weiteres Mal zu fruchtlosen Protesten der Niederländisch Reformierten Kirche führte, die dieses Privileg für sich beanspruchte. Mittlerweile stechen die beiden Bauten noch mehr ins Auge, als die Strand Street von großteils gesichtslosen aber dafür umso größeren Neubauten dominiert wird.

Großteils nur, denn etwas weiter stadteinwärts befindet sich ein weiteres sehenswertes Beispiel für ein kapholländisches Stadthaus, das Koopmans De Wet Haus aus dem Jahr 1701, heute ebenfalls ein Museum. Marie Koopmans De Wet, die Namensgeberin, war im 19. und frühen 20. Jahrhundert als freigeistige, höchst politische Dame der Gesellschaft bekannt. Ihr Engagement in der nationalistischen Afrikaner Partei und vor allem gegen die britischen Konzentrationslager während des Burenkriegs führten dazu, dass sie unter Hausarrest gestellt wurde.

Dem Präsidenten Südafrikas steht indes kein Stadthaus als offizieller Sitz in Kapstadt zu, er residiert in einem Gartenhaus. Wobei diese Bezeichnung ein wenig trügt. Denn bei dem Tuynhuys gleich neben dem Parlament in der Government Avenue handelt es sich um ein heiter wirkendes Lusthaus im kapholländischen Stil. Ein ungewohnter Anblick für das Amt eines Präsidenten. Es mag nicht von ungefähr kommen, dass die Regierungszentrale in den monumentalen Union Buildings im fernen Pretoria beheimatet ist. Und somit nicht im Schatten des Parlaments steht.

Kap der Mysterien

Von verdammten Seelen und einem Heiligen Ring

Den »Fliegenden Holländer« sah der spätere britische König George V. am 11. Juli 1881. Nicht Richard Wagners Oper, sondern den echten. Den Geist. Genauer gesagt, das Geisterschiff. In seinem Schiffstagebuch hielt der damals sechzehnjährige Thronfolger fest: »Um vier Uhr morgens kreuzte der Fliegende Holländer unseren Kurs«. George befand sich als Marinekadett an Bord der H. M. S. Bacchante, die von Kapstadt aus Kurs auf Australien und den Fernen Osten genommen hatte. Er war nicht der einzige Zeuge. »Alles in allem dreizehn Personen sahen sie (die Brigg). Ob es ›Van Diemen‹ war oder der ›Fliegende Holländer‹ muss dahingestellt bleiben«.

Was die Briten wahrnahmen, war ein »seltsames rotes Licht, wie von einem glühenden Phantomschiff, in dessen Mitte Masten und Segel einer Brigg zu erkennen waren«.

Der Prinz und seine Begleiter sind nur einige von vielen, die von einem Geisterschiff am Kap berichten. Die Sichtungen gehen zurück in das 17. Jahrhundert und reichen bis in die Gegenwart. Um 1640 soll Kapitän Hendrik Van der Decken auf der Fahrt von Batavia (Jakarta) nach Amsterdam entweder am Karfreitag die Fahrt fortgesetzt haben, oder aber angesichts der widrigen Winde am Kap gotteslästerlich geflucht und geschworen haben, er würde das Kap umrunden, selbst wenn es bis zum Jüngsten Tag dauern sollte. Seither jedenfalls segelt das Geisterschiff zwischen dem Kap der Guten Hoffnung und Kap Hoorn und bringt jenen, die es sehen, Unglück.

Tatsächlich verstarb jener Matrose der H. M. S. Bacchante, der das Geisterschiff am Kap als Erster gesichtet hatte, nur zwölf Stunden später. So hielt es zumindest George V. in seinen Aufzeichnungen fest. In Australien erkrankte auch noch der kommandierende Admiral des kleinen Flottenverbands. Es dürfte sich demnach um den Fliegenden Holländer gehandelt haben.

Man muss das Kap der Guten Hoffnung nicht selbst an Bord eines Segelschiffes umrundet haben, um sich vorstellen zu können, dass dieses Unterfangen bisweilen gespenstisch sein kann.

Wer einmal in Kapstadt den als South Easter bekannten Sturmwind röhren, durch die Stadt toben und an Fensterläden und Dächern hat rütteln hören, wer erlebt hat, wie von einem Moment auf den anderen dichter Nebel vom Tafelberg und den anderen Bergen niedersteigt und alles, aber wirklich alles einhüllt, wer dann auch noch das Brüllen des Ozeans vernommen hat, der versteht, weshalb am Kap mindestens ein Geisterschiff sein Unwesen treiben muss. Zumal die steil aufragenden Felsen und Klippen direkt am Kap bei Nebel oder in Wolkenfetzen und bei rauer See durchaus wie Schiffe wirken können, die wie aus dem Nichts auftauchen. Ein perfekteres Setting kann selbst in Hollywood kaum ersonnen werden.

Der Fliegende Holländer ist nicht das einzige Gespenst am Kap. Es ist nur das berühmteste. Geister soll es viele geben. Geister, die im Gegensatz zu dem verdammten Seefahrer regelmäßig gesehen werden.

In Tokai etwa. Tokai liegt eigentlich geschützt und fernab wildromantischer Klippen inmitten einer schönen und sanften Landschaft. Eine Umgebung, die seit der Besiedlung des Kaps durch die Europäer gerne als Rückzugsort genutzt wird. Um von den alten, prachtvollen Anwesen wie Groot Constantia inmitten der Weingärten den Lauf der Welt zu verfolgen. Auch Steenberg ist hier zu finden. Das Gut zählt mit zu den ältesten rund um Kapstadt.

Die Gegend hat bis heute nichts von ihrer Anziehungskraft verloren. Nicht von ungefähr steigen die Grundstückspreise in diesem Teil Kapstadts nach wie vor. So sehr, dass die Immobilienentwickler mittlerweile auch schon begehrliche Blicke auf das Gelände des Hochsicherheitsgefängnisses Pollsmoor werfen.

Wer Steenberg besuchen will, findet sich auf den letzten paar hundert Metern Weges zwischen zwei Zäunen wieder. Auf der einen Seite ragt der mit Flutlichtanlagen und Stacheldraht bewehrte Zaun des Gefängnisses empor. Auf der anderen der kaum weniger martialisch wirkende von Steenberg. Ersteren will man so schnell wie möglich hinter sich lassen, um ins Innere des Zweiten zu gelangen, muss man Golf spielen oder zumindest Gast des Restaurants sein.

Ein Ort, sollte man meinen, an dem man vor unliebsamen Begegnungen gefeit ist. Weit gefehlt. Klubmitglieder, Gäste und Angestellte erzählen, mit gesenkter Stimme, von einer Erscheinung. Von einer schemenhaften weißen Dame, die in Begleitung zweier kopfloser Hunde auf den Fairways und Greens gesehen wird.

Dann und wann taucht sie auf und gleitet, so erzählen es jene, die behaupten, ihrer ansichtig geworden zu sein, über das Gelände. Nicht nur um Mitternacht. Die Dame erscheint schon mal am späteren Nachmittag.

Wer sie ist, darüber kann nur spekuliert werden. »Vielleicht«, so Mandy Rutherford, die in Steenberg arbeitet, »handelt es sich bei ihr um die erste Besitzerin von Steenberg.« Katharina Ustings, erzählt Mandy, kam als eine der ersten europäischen Frauen 1662 an das Kap. Weshalb sie, knapp zweiundzwanzigjährig, ihre Heimatstadt Lübeck verlassen hat, weiß man nicht. Bekannt ist, dass Jan van Riebeeck in den Niederlanden um Frauen für die männlichen Siedler gebeten hatte. Möglicherweise folgte sie einem entsprechenden Aufruf. Sicher ist nur, dass sie eine bemerkenswerte Frau war.

Am Kap heiratete Ustings Hans Ras, einen ehemaligen Soldaten und freien Bürger. Einige Jahre später fiel Ras einem Löwen zum Opfer. Katharina heiratete ein weiteres Mal, Ehemann Nummer zwei wurde von einem Khoikhoi erstochen. Ehemann Nummer drei von einem Elefanten zu Tode getrampelt. Als vierten Ehemann wählte sie Matthys Michelse, war zu diesem Zeitpunkt aber auch die Geliebte des Gouverneurs Simon van der Stel. Von diesem erhielt sie Steenberg, das sie »Swanweide« nannte. So konnte sie in unmittelbarer Nähe zum Alterssitz van der Stels leben. Für Gesprächstoff in Kapstadt war also gesorgt. Der Kommissar der Ostindien Kompanie, Baron van Rhede und Drakenstein, schrieb über sie, sie reite ohne Sattel und »ihre Kinder erinnern an brasilianische Kannibalen«. 1695 verkaufte Katharina Ustings Steenberg und übersiedelte in das Tal beim Berg River.

»Nur, weshalb sie hier erscheint – wenn es denn Katharina ist –, ist nicht klar«, schränkt Mandy Rutherford ein. Um noch auf die zweite Besitzerin zu verweisen, Christina Diemer, die aus der Farm einen florierenden Betrieb und aus dem Anwesen eine Herberge für Reisende von und nach Simonstown machte. Vielleicht, mutmaßt Rutherford, hätte sie Gründe, den Golfspielern zu erscheinen.

Das idyllische Steenberg wirkt als Ort einer Gespenstererscheinung seltsam, ganz im Gegensatz zum Kastell. Militärische Anlagen mit ihrer Vergangenheit, die in aller Regel Duelle, Liebschaften, Mord und Totschlag umfassen, bieten sich als Tummelplatz für Geister geradezu an.

Im Kastell also soll es ganz gewaltig spuken. Bis in die erste Hälfte des 20. Jahrhunderts sei dort – neben anderen – auch eine »Graue Dame« dann und wann aufgetaucht. Allerdings beschränkte sich der Geist, so die Erzählungen, nicht alleine auf das Festungswerk, sondern tauchte auch im Sitz des Gouverneurs immer wieder auf. Dem britischen Gouverneur Sir Bartle Frere und seiner Frau soll die »Lady in Grey« so vertraut gewesen sein, dass sie von »unserem Gespenst« sprachen. Dass die Spukgestalt an beiden Orten auftauchte, könnte, so die Mutmaßungen, mit einem unterirdischen Gang zwischen der Burg und dem Gouverneurssitz zusammenhängen. Seit in den vierziger Jahren des 20. Jahrhunderts bei Grabungsarbeiten nahe des Kastells das Skelett einer Frau gefunden wurde, gehört der Spuk der Grauen Dame der Vergangenheit an.

Verdammt, in alle Ewigkeit ruhelos zu wandern, ist offenbar hingegen der einstige Gouverneur van Noodt. Ein arger Leuteschinder, der die an sich schon strengen Reglements der Kapjustiz bis zum Letzten ausreizte. Van Noodt, so die Überlieferung, soll letztlich während der Exekution unschuldig verurteilter Soldaten an seinem Schreibtisch gestorben sein. In genau dem Moment, als einer der Delinquenten ihn verfluchte. Noch in derselben Nacht soll die Leiche des Gouverneurs heimlich aus dem Kastell gebracht und in Paarden Eiland verscharrt worden sein. Sein Geist kehrte dennoch wieder und soll während des Burenkrieges auffallende Aktivität an den Tag gelegt und die britische Besatzung des Kastells des öfteren in Angst und Schrecken versetzt haben.

Damit nicht genug, in den Mauern und Kasematten tut sich noch viel mehr. Da läutet immer wieder eine Alarmglocke im Wachzimmer, obwohl niemand sie betätigt hat (in diesem Fall wird ein Zusammenhang mit einem Freitod vermutet), da ist von Stimmen und Schritten die Rede und von einer nebulösen Figur, die – so weit lässt sich das anscheinend doch erkennen – im Stil des 18. Jahrhunderts gekleidet ist und über den Basteien und Mauern der Festung schwebt und wabert.

Besondere Kraft Spuk zu entfalten, schrieben die weißen *Capetonians* im 19. Jahrhundert den Kapmalayen zu. Wer einen Moslem verärgerte oder ihm im Wege stand, der musste gewärtigen, aus heiterstem Himmel mit Ziegeln und anderen schweren Gegenständen bombardiert zu werden. Und dies so lange, bis entweder die Rachegelüste befriedigt waren oder das Ziel erreicht. Hinter diesen Geschichten verbirgt sich offenbar das tief gehende Unbehagen, die ehemaligen Sklaven als freie Bürger und wirtschaftliche Konkurrenten sehen zu müssen.

Dabei sind die Moslems dem Übernatürlichen nun wirklich nicht abgeneigt. So ist es durchaus Brauch, vor Antritt der Pilgerfahrt nach Mekka ein wenig Erde vom Grabmal des moslemischen Heiligen Paay Schaapie am Tana Baru im Bo-Kaap in eine Flasche zu füllen. Schaapie soll den Tana Baru so sehr geliebt haben, dass er es nicht zulassen würde, sollte Erde aus diesem Boden zu lange entfernt sein. Eine Art der Reiseversicherung mit Garantie auf sichere Heimkehr also. Schaapie sorgt dafür.

Pay Schaapies Grabmal ist eines von fünfundzwanzig Mausoleen islamischer Heiliger, *Karamats* oder auch *Kramats* genannt, die rund um Kapstadt zu finden sind. Jedem dieser *Karamats* werden ganz eigene Kräfte zugeschrieben. Bis hin zur Wiedervereinigung zerstrittener Ehepaare. Ihre eigentliche Bedeutung liegt allerdings in der Kraft, die sie gemeinsam entwickeln. Die *Karamats* bilden einen Ring, der von Robben Island über die Cape Flats, Muizenberg, Constantia, Oudekraal Peak bis zum Signal Hill reicht. Dieser Ring, so die Moslems, dient Kapstadt als spirituelle Grenze. Das Gebiet innerhalb des Kreises ist vor Naturkatastrophen sicher.

Als 1997 der *Karamat* von Oudekraal einem Hotelneubau weichen sollte, besetzten aufgebrachte Moslems die Baustelle und prophezeiten, dass, wenn der *Karamat* geschliffen würde, »der Berg auf die Stadt« stürzen werde. Baubehörde wie Bauherr lenkten schließlich ein. Von Naturkatastrophen ist Kapstadt bis auf den heutigen Tag verschont geblieben.

Armed Response

Über das drängende Problem mit Diebstahl, Raub und Totschlag

Südafrika zählt zu den Ländern mit der höchsten Verbrechensrate der Welt. Das ist ein leider unbestreitbares Faktum. Schlagzeilen machte die Welle an Verbrechen allerdings erst, als sie nach dem Ende der Apartheid auch die bisher ausgesparten Inseln der Sicherheit, die Innenstädte und die weißen Vorstädte, erreichte.

Das hängt unter anderem mit dem völligen Neubeginn der Polizeiarbeit im Land zusammen. 1993 und 1994 quittierten viele erfahrene Polizeibeamte ihren Job, emigrierten oder gingen in den privaten Sicherheitsdienst. Gleichzeitig musste die neue Polizei – die hoffnungslos unterbesetzt und unterbezahlt war und es teils noch immer ist – sich erst in das neue Südafrika einfügen. Bis dato galt sie der großen Mehrheit der Bevölkerung als Instrument der Unterdrückung. Tatsächlich sah sie sich nun vor der ungewohnten Aufgabe, nicht mehr einfach Demonstrationen auch mit Gewalt zu sprengen, sondern mit den Menschen in Kontakt zu treten. Für beide Seiten ein schwieriger Lernprozess.

Zudem hatte das jahrzehntelange Klima der offenen Gewalt vor allem in den Townships zur Bildung krimineller Banden geführt. Die sahen nun ihre Chance gekommen, in neue Gebiete vorzudringen.

In Kapstadt machten in erster Linie moslemische Banden von sich reden, die im Drogenhandel und in der Schutzgelderpressung tätig waren und ihre Fehden mittels Bombenanschlägen austrugen. Geradezu legendär wurde die Gruppe »PAGAD« (People against gangsterism and drugs), die als Selbstschutztruppe auftrat, aber nichtsdestoweniger in den Drogenhandel involviert war. Teilweise paradierten ihre Mitglieder, verhüllt und mit Schnellfeuergewehren im Arm, offen auf den Straßen, ohne dass die Polizei sich einzugreifen traute. Als Kapstadt sich – letztlich erfolglos – um die Austragung der Olympischen Spiele 2004 bewarb, schlugen die Gangs der Stadt sogar hochoffiziell ein Stillhalteabkommen vor. Die Banden existieren noch, sie konzentrieren sich indes nunmehr vor allem auf die Cape Flats und nicht mehr auf das Stadtzentrum.

Vergitterte Häuser, private Wachdienste, die Androhung des *armed response*, *Neighbourhoodwatch* und der private Besitz von Waffen sind nach Ansicht vieler Südafrikaner die einzige Möglichkeit, sich vor Überfällen zu schützen. Dass die Kriminalität in Südafrika in den letzten Jahren nicht mehr ansteigt, sondern in einigen Städten auch zurückgegangen ist, ist dennoch in erster Linie auf eine bessere Zusammenarbeit der Polizeibehörden mit den lokalen Gemeinden zurückzuführen.

Während die Einheimischen sehr wohl unter

der hohen Kriminalitätsrate leiden – weswegen in den letzten Jahren auch ein verstärkter Zuzug von Johannesburg in das sicherere und ruhigere Kapstadt zu verzeichnen ist –, sind Reisende davon kaum betroffen. Dies hängt in erster Linie damit zusammen, dass die klassischen Touristengebiete wie die Tierreservate und Nationalparks, aber auch städtische Gegenden wie die Waterfront in Kapstadt, die Orte der Weinregion oder Sandton in Johannesburg, gut überwacht werden. Wenngleich gerade im Table Mountain National Park die Zahl der gewaltsamen Überfälle auf Wanderer dramatisch ansteigt.

Dennoch gelten für Besucher jene allgemeinen Verhaltens- und Vorsichtsmaßnahmen, die auch in anderen Regionen der Welt zu beachten sind. Etwa nie zu viel Bargeld und Kreditkarten mit sich zu tragen. Nie sorglos mit teurem Kameraequipment durch die Straßen schlendern. Nie allzu offen zeigen, dass man sich in einer Gegend nicht auskennt. Oder, wie es ein Buchhändler auf der Long Street ausdrückt: »Suchend mit dem Stadtplan in der einen Hand und der Geldbörse in der anderen herumzuspazieren, das ist einfach eine Einladung, sich an den Touristen zu bedienen.«

Ebenso sollte man es vermeiden, nach Einbruch der Dunkelheit durch die Innenstadt zu flanieren oder zu Fuß an die Waterfront gelangen zu wollen. Generell gilt, dass man sicher ist, wo Leben ist. Weitere Wege hingegen sind tunlichst mit dem Taxi zurückzulegen. Strikt off limits sind

Touren auf eigene Faust in die Townships. Es muss nichts passieren, aber es kann.

»Die meisten Besucher vergessen schlicht den Umstand, dass die Erste und die Dritte Welt hier unmittelbar aufeinander treffen«, meint ein Hotelmanager in Kapstadt. »Das Personal in unseren Häusern lebt zu einem großen Teil in Wellblechbuden in den Townships. Sie stehen um vier Uhr in der Früh auf, fahren in hoffnungslos überfüllten und brandgefährlichen Minibussen in das Stadtzentrum und müssen hier nun den Ansprüchen von Gästen aus Europa oder Amerika genügen. Sie müssen Verständnis für Menschen aufbringen, deren größtes momentanes Problem es ist, dass der Kaffee noch nicht am Tisch steht. Und sie müssen den Verlockungen widerstehen, die es in dieser Welt gibt. Man verlangt von ihnen, dass sie sich auf uns einstellen. Ohne dass uns ihre Probleme auch nur annähernd interessieren. Angesichts dieser Umstände grenzt es eigentlich an ein Wunder, dass nicht viel mehr passiert.«

Der Berg ruft

*Von Wettervorhersagen, Tischtüchern und
Elefantenverwandten*

Er ist da. Unverrückbar und dominant. Er war
schon vor Jahrmillionen da, und er wird in ferner
Zukunft noch da sein. Nur kleiner als heute, niedriger und bei weitem nicht mehr so imposant: der
Tafelberg.

Er ist das prominenteste Feature im Weichbild
Kapstadts. Einerlei wie viele noch so hohe Gebäude unten im City Center errichtet werden mö-
gen, gegen ihn kommen sie nicht an. Tausendsie-
benundachtzig Meter ist er hoch (nach anderen
Angaben misst er nur tausendsechsundachtzig
Meter) und spannt sich über eine Länge von drei
Kilometern. Er umfängt mit seinen Flanken, mit
dem Devil's Peak und dem Lion's Head, den
Kern der Stadt. Und er ist weithin sichtbar. Vom
Meer aus ist er an klaren Sonnentagen noch aus
einer Entfernung von zweihundert Kilometern
zu sehen. Da breitet sich dann nichts als eine
Wasserwüste rundum aus, aus der er empor-
steigt. Aus der Ferne beinahe schlank. Der einzi-
ge Hinweis darauf, dass da vor einem Land liegt.
Nicht nur Land, Afrika. Das Kap der Guten Hoffnung.

Dabei er ist nun wirklich nicht schaumgebo-
ren, keine Venus unter den Bergen. Er ist massig,

breit, alles umfangend. Nichts erinnert an die Eleganz des Zuckerhuts von Rio. Ganz im Gegenteil.

Er wirkt so alt, wie er auch ist. Er ist gezeichnet von Erdverschiebungen, von tektonischen Brüchen, von Wind und Wetter. Deswegen wird er auch immer niedriger. Über fünftausend Meter soll er einst in der Höhe gemessen haben. Aber das ist wirklich schon lange vorbei.

Schrundig ist seine Wand. Kahl und grau. Nur am Morgen, wenn die Sonne aufgeht und abends, wenn sie untergeht, kleidet sich der Fels in warme, freundliche Orangetöne. Das hält freilich jeweils nicht lange an.

Läge er irgendwo anders, im Landesinneren, er wäre ein imposanter Klotz. So aber, am Meer, am Kap, im Rücken der Stadt, ist er ein Wahrzeichen. Eines, ohne das Kapstadt nicht wäre, was es ist. Eine der schönsten Städte der Welt.

Wer zum ersten Mal aus Europa nach Kapstadt kommt, den verwirrt der Berg. Eigentlich verwirrt einen der Umstand, dass die Sonne südlich des Äquators zu Mittag im Norden steht. Da befindet man sich also in der Stadt, blickt nach Süden, auf den Berg, und hat doch das tiefinnere Gefühl, nach Norden zu blicken. Man vermutet und ahnt Afrika in seinem Rücken. Dabei endet der Kontinent nach knapp sechzig Kilometern am Kap. Dann ist nichts mehr außer Wasser. Bis zur Antarktis.

Also muss man sich umdrehen, in Richtung der Bay blicken oder nach Westen hin, dann blickt man nach Afrika hinein. So wie es Cecil John

Rhodes tut, genauer gesagt seine Statue in Company's Gardens, auf deren Sockel der Satz zu lesen ist, dass dort, im Norden »your hinterland« zu finden ist.

Nur wendet man seinen Blick nicht dorthin. Denn unweigerlich zieht der Tafelberg die Aufmerksamkeit auf sich. Unablässig. Da sitzt man dann da und schaut. Schaut auf den Berg und wartet. Darauf, dass das Licht sich ändert. Oder darauf, dass sich endlich das »Tischtuch« zeigt. Jene Wolkendecke, die von den warmen und feuchten Luftmassen gebildet wird, die an den Flanken der Berge zum Aufsteigen gezwungen werden, bis sie abkühlen und Wolken bilden, die dann über die Hochebene des Tafelbergs ziehen. Immer weiter, bis sie an die Kante zur Stadt und zur Bucht hin gelangen. Da stürzen sie dann kaskadenartig in die Tiefe. Lösen sich dabei auf, entzücken die Betrachter mit immer neuen phantastischen Formen und Gestalten.

Das ist dann das berühmteste aller Bilder vom Tafelberg, jenes mit dem »Tischtuch«. Einer alten Geschichte zufolge hat vor langer, langer Zeit ein alter Seemann namens Jan van Hunks mit dem Teufel ein Wettrauchen vereinbart. Die beiden sollen einander auf dem Gipfel des Devil's Peak getroffen und dort ihre Pfeifen in Brand gesetzt haben. Der Rauch, den sie dabei erzeugten, bildete das »Tischtuch«. Demnach schmauchen die beiden dort oben also immer noch um die Wette. Sehr zur Freude der Touristen wie der *Capetonians*.

Der Anblick des Wolkenfalls ist nicht nur pittoresk. Er ist zudem ein Indikator, er kündet von kommenden Ereignissen. Im konkreten Fall vom Nahen des »Cape Doctors«. So lautet der Kosename des starken, stürmischen Südostwindes, des South Easter, der im Frühjahr und im Sommer fast immer auf dieses Schauspiel folgt.

»Cape Doctor« heißt er, weil er alle üblen Gerüche und Abgase mit aller Macht aus der Stadt bläst. Und Macht hat er, der Wind. Er ist ein Fallwind, er stürzt den Tafelberg hinab, dann heult, brüllt, tobt er in aller Regel drei Tage lang, er rüttelt an Fensterläden und Dächern, macht, dass Passanten sich bisweilen festhalten müssen, um nicht umgeweht zu werden, macht, dass man sogar im Hochsommer, bei strahlendem Sonnenschein, sich nur mit einer Jacke aus dem Haus begibt.

So plötzlich, wie er über die Stadt hergefallen ist, hört er auch wieder auf. Dann, so versichern die *Capetonians*, sei für ein paar Tage mit wunderschönem, stabilem Schönwetter zu rechnen. Das tröstet.

Es lassen sich am Berg und seinen Wolken auch noch andere meteorologische Voraussagen treffen. Ballen sich um den Gipfel von Lion's Head die Wolken, so ist mit schweren Regenfällen zu rechnen. Zeigt sich hingegen oben auf dem Tafelberg, gleich bei der Seilbahnstation, keine einzige Wolke, dann herrscht an den Stränden von Clifton absolute Windstille.

Die *Capetonians* wissen das. Auch wenn sie meinen, den Tafelberg eigentlich schon gar nicht mehr wahrzunehmen, weil er ihnen so vertraut ist, so sehr ein Teil der Stadt und damit ihres Lebens. Trotzdem werfen sie dann und wann einen Blick auf den Berg, suchen nach dem Vorhandensein oder dem Fehlen von Wolken und üben sich in Wetterprognosen.

Das alles kann man also von unten aus erleben. Den Berg und seine unterschiedlichen Erscheinungen, den Berg und seine Wolken. Doch unweigerlich kommt dann der Moment, an dem man fragt, wie es dort oben eigentlich sei. Ob die Kapstädter Freunde denn schon einmal oben gewesen sind.

Zum einen, lautet die Standardantwort, genieße man von dort oben eine grandiose Aussicht (woran nun wirklich niemand zweifeln wollte). Zum anderen seien sie alle schon oben gewesen. Vor ein paar Jahren. Oder als der letzte Besuch aus Übersee hier gewesen ist. Für die Besucher sollte man schon einen Abstecher auf den Berg einplanen. Um oben im Restaurant zu sitzen, um nach Süden zu blicken, über die Hochebene und die Bergkette der »Zwölf Apostel« in Richtung Kap. Um am frühen Abend schon die Lichter der Stadt angehen zu sehen, und dann erst die Ausmaße der Metropolitan Area zu erfassen. Denn von dort oben erscheint Kapstadt riesig. Als eine echte Millionenmetropole.

Und dann seien da auch noch die Paviane, die Dohlen und die kleinen Dassies oder Klippschliefer, die Murmeltieren gleichen. Dabei sind ihre nächsten Verwandten im Tierreich die Elefanten.

Für Botaniker oder Geologen ist der Berg sowieso ein Muss. Für erstere wegen der über tausendvierhundert Pflanzenarten, die auf diesem Berg – und viele davon nur auf ihm – wachsen. Für zweitere wegen der Gesteinsschichten. Einer Fahrt mit der Gondel steht also nichts im Wege. Nur Karten muss man sich besorgen, aber das ist alles kein Problem. Nicht mehr, seit die Kapazität der Gondelbahn von Schweizer Bergbahnexperten deutlich erhöht wurde.

Und zu Fuß?

Zu Fuß? Handelt es sich bei den Freunden um nicht eben sehr sportliche Menschen, erntet man mit dieser Frage ein Echo. Gefolgt von einer Pause. Dann, sagen sie, dass es selbstverständlich eine Reihe von Wegen und Routen gibt, die auf den Berg führen. Ja, dass sie selbst auch schon einmal zu Fuß auf den Berg gegangen sind. Das habe vielleicht zwei Stunden gebraucht. Zweieinhalb maximal. Am besten sei es, gleich bei der Talstation loszugehen. Das ist die bekannteste Route, da kann gar nichts schief gehen. Oben könne man einander dann ja treffen und gemeinsam runter fahren. In den Abend und in die Nacht hinein.

Und schon sitzt man in der Falle. Erstens braucht man viel länger. Vor allem, wenn man die Freunde aus Kapstadt wirklich oben treffen will, um mit ihnen einen Sundowner zu trinken. Denn dann ist man unweigerlich am Nachmittag unterwegs. Zu Zeiten der größten Hitze. Was alles noch beschwerlicher macht als es für sich genommen schon ist.

Steht man hingegen früh auf, um die Kühle des Morgens zu nutzen, nimmt die Angelegenheit schon freundlichere Züge an. Da erscheinen die ersten rund eineinhalb Kilometer, die nur entlang der Kontur des Berges verlaufen, als willkommene Gelegenheit sich aufzuwärmen, bevor der Weg dann in steilen Zickzackkurven die Platteklip Gorge bergan führt. Sehr steil bergan. Vorbei an riesigen Felsbrocken, an wesentlich mehr und üppigerer Vegetation, als man vermutet hätte. Immer weiter hinauf. Bis die ersten Dassies zu sehen sind, die auf den Felsen in der Sonne liegen. Bis die ersten Dohlen über die Köpfe pfeifen.

Eigentlich ist die Besteigung des Tafelbergs also eine normale Bergtour. Wenn da nicht die Gefahr des pittoresken »Tischtuchs« wäre. Beginnt es sich auszubreiten, sieht man die Hand vor Augen nicht mehr. Zudem wird es kalt, schneidend und bitter kalt. Und feucht. Nass!

Jahr für Jahr verunglücken Bergsteiger am Tafelberg. Nicht nur arglose Wanderer, auch geübtere Bergfexe. Aber das hat ja Tradition. Auch der portugiesische Seefahrer Antonio de Saldanha, der erste Europäer, der den Tafelberg 1503 bestieg, ist umgekommen. Wenngleich nicht am Berg, sondern später, nach einer Auseinandersetzung mit den ansässigen Khoikhoi.

In der Platteklip Gorge denkt man an alles das nicht mehr, es überwiegen die Eindrücke, die man nicht erwartet hat. Die Sorge, dass Nebel einfallen könnte, verflüchtigt sich, kaum dass man das Plateau erreicht hat. Wenn sich vor einem die Hochebene ausbreitet und der Blick sich weitet. Über die gesamte Halbinsel, und über den Ozean zu beiden Seiten. Da verspürt man dann ein Hochgefühl.

Dann schlendert man über die Wege hin zur Gondelstation, oder man begibt sich auf Erkundungstouren, wählt eine der vielen Routen, die durch die Gebirgswelt führen, zu immer neuen Aussichtspunkten.

Bis man zurückkehrt, an die Kante. Unten liegt Kapstadt. Die Sonne senkt sich. Abendstimmung in Violetttönen. Die Lichter der Stadt funkeln wie ein Meer von Edelsteinen, ziehen sich die Küste entlang in Richtung Norden, breiten sich aus in das Hinterland. Die Freunde hatten Recht, Kapstadt ist tatsächlich eine große Stadt. Eine Metropole. Dank des Tafelbergs eine unverwechselbare.

Im Abseits

Den Vierteln Woodstock, Observatory und Salt River
stehen die großen Veränderungen noch bevor

Der Salt River Markt hat bessere Zeiten gesehen. Zeiten, in denen die Stände voll waren mit Obst und Gemüse und Waren aller Art. Tage, in denen sich die Käufer drängten und die Händler gute Geschäfte machten.

Heute liegt der Markt einsam und verlassen da. Nur ein Stand bietet Waren feil. Obst aus Ceres, Gemüse aus der Kapregion, Weintrauben aus Paarl. Blumen und Trockenfrüchte. Eine alte Frau sitzt inmitten des Angebots und wartet auf Kunden, die nicht kommen. Am Wochenende, erzählt sie, belebt sich der Markt. Dann arbeitet hier auch ihre Tochter. Aber unter der Woche übernimmt sie den Stand, damit die Tochter andernorts arbeiten kann. Ihre Stimme ist weich. Ihr Englisch ist durchsetzt mit Ausdrücken des Afrikaans. Sie hat, sagt sie, ihr ganzes Leben auf dem Markt verbracht. Sie kann sich gar nichts anderes vorstellen. Schon gar nicht, dass die Menschen heutzutage lieber in die Shopping-Malls gehen und sich dort mit den Gütern des täglichen Bedarfs eindecken: »Was ist das schon gegen einen echten Markt, gegen seine Gerüche und seine Laute?«

Salt River ist ein Stadtteil zwischen Woodstock und Observatory, im Nordwesten des Stadtzentrums gelegen. In den Seitenstraßen sind noch kleine viktorianische Häuser zu sehen. An den Hauptstraßen reihen sich Fabriken, Sweatshops, aneinander, in denen gegen geringen Lohn Kleidung genäht wird. So lange man noch mit den Dumpingpreisen aus Fernost mithalten kann.

Es gibt zukunftsfrohere Gegenden in Kapstadt. Dabei galten früher gerade Woodstock (das ursprünglich Papendorp hieß) und Observatory als gute Wohngegenden, als durchaus gute Adressen.

Vor allem Observatory, das sich dem Einfluss der nahen Universität und des Groote Schuur Krankenhauses nicht entziehen konnte. Der Mittelstand, darunter Künstler und Angestellte, ließ sich hier ebenso nieder wie Studenten. Der Mittelstand ist beinahe zur Gänze verschwunden. Die Studenten sind geblieben. Denn Obs, so die Abkürzung für Observatory, ist eine günstige Wohngegend. Mit einer Vielzahl an Lokalen. Darunter legendären wie dem »Heidelberg«, dem nicht einmal ein Bombenanschlag am 31. Dezember 1993 etwas anhaben konnte. Das »Heidelberg« gibt es immer noch. Eine dunkle Gaststätte, eine alte Taverne, nicht unbedingt Vertrauen einflößend. Aber eben mit einem klingenden Namen versehen.

Als die Bombe explodierte, sagte man in anderen Teilen Kapstadts, in Tamboerskloof, in Gardens und Oranjezicht, dass das ja so habe kommen müssen. In Obs, wo sich die Banden breit machen. Wo man billig *Dagga*, Marihuana, kaufen kann. Wo man sich abends, wenn überhaupt, vorzugsweise auf den Hauptstraßen aufhalten soll, die beleuchtet sind. Aber auch das nur kurz. Am besten jedoch mache man um Obs und Woodstock einen großen Bogen. Leider, denn im Grunde genommen sind es ja schöne Viertel.

Wer in Obs geblieben ist, bestätigt das. »Es ist eine schöne Gegend«, sagt ein alter Mann. »Die Studenten tun uns gut. Sie bringen Leben in die Straßen, sie kümmern sich um die alten Häuser, sie sorgen dafür, dass man Obs nicht vergisst. Aber es ist in den letzten Jahren hier nicht wirklich besser geworden. Das Leben und alles, was damit zusammenhängt.«

Observatory gilt als jene Gegend, in der es möglich ist, Neues auszuprobieren. Denn die *Capetonians* sind in gewisser Weise sehr konservativ. Änderungen mögen notwendig sein, aber sie sollen einen nicht unbedingt betreffen. Die Stadt gibt sich liberal und weiß sich liberal. Nicht von ungefähr gilt Kapstadt als die Hauptstadt der südafrikanischen Schwulenbewegung. Aber das hat ja auch Tradition am Kap.

Geht es freilich darum, sich zu exponieren, Experimente zu wagen, dann lassen die *Capetonians* Johannesburg, der großen Rivalin im Norden, gerne den Vortritt. Nur Obs war und ist in dieser Hinsicht anders.

Zu einer Zeit, als man in Kapstadt wohl schon wählen konnte, ob man in einem Restaurant thailändisch oder japanisch, russisch oder österreichisch essen wollte, gab es kein einziges afrikanisches Lokal in der Stadt. Bis Anfang der neunziger Jahre das »Africa Café«, das Speisen aus ganz Afrika anbot, arabische *mezze* ebenso wie südafrikanischen *Milliepap*, diese Lücke füllte. Das »Africa Café« öffnete seine Pforten in Observatory. An der Lower Main Road. Dort, wo die Nacht von Straßenlaternen erhellt wird, wo man seinen Wagen – mit einem flauen Gefühl in der Magengegend – abstellen konnte. Um dann einzutauchen in das kulinarische Abenteuer Afrika. Verließ man Stunden später das Restaurant, war der Wagen immer noch da. Unversehrt. Die Expedition war erfolgreich, Obs vielleicht doch nicht so gefährlich.

Das »Africa Café« hat Observatory mittlerweile verlassen. Sein neues Domizil befindet sich am Riebeeck Square, im Zentrum, gleich bei der Buitengracht, wo nun auch Busse voller Touristen parken können. Fern von Obs.

Streift man nun dort entlang der Lower Main Road mit ihren Arkaden, sieht man kleine Geschäfte mit Waren aller Art, dann wieder mit Plakaten übersäte Schaufenster. Aber auch das eine oder andere neue Lokal ist zu sehen. Mit kühnen, modernen Interieurs, fern allen Kitsches und Klischees. Lokale, die in anderen Städten in anderen Ländern allein ihrer Gestaltung wegen innerhalb kürzester Zeit Kultstatus genössen. In Obs bleiben sie ein Geheimtipp. Und wer hier überdauert, kann dann einmal ausweichen. In die besseren Gegenden der Stadt.

Auch Woodstock hat schon bessere Zeiten gesehen. Sogar Zeiten, in denen in Woodstock Geschichte geschrieben wurde. Das ist lange her. Zweihundert Jahre. Als die Briten 1806 anstatt direkt vor den Kanonen des Kastells am Strand von Blouberg landen und die holländischen Truppen dort in offener Feldschlacht besiegen, wird der Friedensvertrag in Woodstock unterzeichnet. Wo genau, das kann niemand mehr sagen. Nur eine Straße erinnert daran, die Treaty Road.

Der Vertrag also hat das alte Papendorp nicht geprägt. Ganz im Gegensatz zu dem monumentalen Backsteinbau der Castle Brauerei. Bis in die fünfziger Jahre des 20. Jahrhunderts wurde hier die bekannteste Biersorte Südafrikas gebraut, das Castle Lager. Seit den frühen Achtzigern befinden sich Künstlerateliers in dem trutzig wirkenden Bau. Die nüchternen Hallen und Räume des Industriekomplexes bieten optimale Voraussetzungen, Kunst zu produzieren. Zu günstigen Mieten, versteht sich.

Günstige Mieten wären in ganz Woodstock zu finden. Alte Industriebauten gibt es zu Genüge. Vor allem solche, in denen nichts mehr produziert wird. Doch während Obs als nicht ganz ungefährlich gilt, gibt es in Woodstock Straßen, die man als Ortsfremder auch untertags besser nicht betritt. Nicht einmal durchfährt. Diese Warnung der eingesessenen *Capetonians* klingt sehr ernst. So ernst, dass man sie sich unbedingt zu Herzen nimmt, oder nur in einer Rostlaube, mit jemandem, der die Gegend kennt und mit brenzligen Situationen umzugehen versteht, erkundet.

Mit jemanden wie Gary. Gary kennt Woodstock. Früher hat er hier Geschäfte getätigt. Das ist lange her. Aber, meint er, manches verlernt und vergisst man nie. Dann biegt er in die Gympie Road ein. In eine stille, heruntergekommene Straße. Ein paar Gestalten lungern am Straßeneck. Das seien die Posten, sagt der ortskundige Gary. Wenn sie ein »interessantes« Auto sehen, dann kommt es aus der kleinen Straße nicht mehr heraus.

Einerlei, ob die Schilderung den Tatsachen entspricht oder nicht, im Stillen bringt man ein Loblied auf die Rostlaube aus und ist froh, wenn man aus der Gympie wieder abbiegt, auf die Victoria Main Street.

»Dennoch«, wagt Gary eine Prognose, »es wird nicht mehr lange dauern, dann werden Woodstock und Observatory wieder gefragte Wohngegenden sein.« In Obs macht sich das langsam schon bemerkbar, meint er. Immer mehr junge Angehörige des Mittelstandes entdecken das Viertel mit seinen pittoresken Seiten wieder. Sie lassen sich nieder, kaufen sich ein, breiten sich langsam aus. Das wird Auswirkungen haben, ist er sich sicher: »In zehn Jahren wird die Gympie eine ganz normale Straße sein.« Mit Leben und Passanten. Ohne Posten.

Mehr Leben, das wünscht sich die alte Marktfrau auf dem Salt River Markt. Nicht nur für den Markt. Für das ganze Viertel. Dann kann vielleicht auch der Markt überleben. Er ist so etwas Eigenes und Spezielles, meint sie. Etwas, das zu Kapstadt gehört, auch wenn ihn kaum jemand kennt. Dann fragt sie unvermittelt, ob der Besucher das erste Mal in Kapstadt ist. Ob er auf dem Tafelberg gewesen sei, ob er den wunderbaren Fisch *Snoek* und schon einmal *Sour Fig* gegessen habe. »Nur wer diese drei Fragen mit ja beantworten kann, kann von sich sagen, wirklich in Kapstadt gewesen zu sein«, sagt sie und entnimmt einer Steige eine sukkulente Pflanze. »Essen Sie«, sagt sie. »Das ist Sour Fig. Und jetzt sind Sie in Kapstadt gewesen.« Der Tafelberg ist einfach zu bezwingen. *Snoek* bekommt man in fast jedem Restaurant. Für *Sour Fig* aber muss man nach Salt River. Auf den Markt.

Die Insel der Verfemten

Wie Robben Island zum Symbol des Unrechts wurde

Für den Hof, in dem die Gefangenen früher Steine klopfen mussten, stehen zwei Minuten zur Verfügung. Für das Büro des Zensors drei Minuten. Für die schäbigen Duschen wieder nur zwei Minuten. Für Nelson Mandelas Zelle aber sind es vier Minuten. Da schweigt die Besuchergruppe. Blickt sich um. Etwas unsicher und verzagt. Sieht einen kleinen, kahlen Raum, eine Matte mit Decken, ein paar Metallkästen und einen Blecheimer.

Eigentlich erwartet man so etwas wie einen Schauer, der einen durchläuft. Ein Schauer der Ehrfurcht oder des Grauens. Doch alles was man fühlt, ist eine gewisse Leere.

Dann geht es wieder hinaus. Raus aus der Zelle. Raus aus dem Gefängnis. »In fünfzehn Minuten«, sagt der Führer, »fährt das Schiff nach Kapstadt zurück.«

Nach knapp zweieinhalb Stunden verlassen die Besucher Robben Island wieder. Sie können sagen, sie haben es gesehen. Mit seinem Hochsicherheitsgefängnis, mit seinen Pinguinen, Robben und Antilopen, mit dem Steinbruch, den viktorianischen Häusern, der Residenz des Gouverneurs und dem Leuchttum. Die Stadt liegt knapp elf Kilometer von dem fünfhundertsiebenundvierzig Hektar großen Eiland entfernt. Die Fahrt dauert fünfundzwanzig Minuten. Dann ist alles wieder Vergangenheit.

Robben Island, das ist die Verdichtung der jüngeren südafrikanischen Geschichte. Auf der Insel wurden seit den sechziger Jahren die Spitzen des ANC und der Opposition gefangen gehalten. Unter ihnen Nelson Mandela, Walter Sisulu und Ahmed Katharada. Die Gefängnisinsel wurde zum Symbol für das institutionalisierte Unrecht. Der Umgang mit dem kleinen Stück Land im Meer fällt Südafrika bis heute schwer.

Als Ort der Deportation hat Robben Island Tradition. Ursprünglich eine Insel, bewohnt nur von Robben und Pinguinen, nutzten vorbeifahrende Seeleute seit 1488 das große Angebot an Fleisch. Dass Jan van Riebeecks Truppe den ersten Winter am Kap überleben konnte, verdankte sie zu einem Gutteil dem Umstand, dass sie hier an Pinguin-Eier, an Pinguine und an Seehunde herankamen. Doch schon 1658 wurde der erste politische Häftling auf der Insel ausgesetzt. Ein Häuptling der Khoikhoi, Autshumato. Er zählt zu den wenigen, denen die Flucht gelang.

Denn es ist nicht nur das Faktum, dass es sich um eine Insel handelt, das Robben Island zum perfekten Deportationsziel macht, es wird vor allem von starken und eiskalten Meeresströmungen umspült. Man muss ein mehr als erfahrener Schwimmer sein, die sieben Kilometer bis zu Bloubergstrand im Westen zurückzulegen. Und dann gibt es immer noch Haie im Gewässer. Ein idealer Platz für unliebsame Zeitgenossen.

Durch das gesamte 17. und 18. Jahrhundert wurden Kriminelle ebenso wie politische Gefangene, darunter religiöse Führer aus Indonesien, auf die Insel verbannt und zu schweren Arbeiten in den Steinbrüchen gezwungen. An kaum einem Ort war der weitreichende Einfluss der Niederländischen Ostindien Kompanie besser zu sehen als hier, wo Europäer, Khoikhoi, »Buschmänner«, »Bastarde«, Chinesen, Madagassen und Inder dicht an dicht vegetierten und schufteten. Mörder ebenso wie Piraten, Diebe, Rebellen und Imame.

Ab dem 19. Jahrhundert wurden mehr und mehr afrikanische Führer, die sich dem Vordringen der Weißen in den Weg gestellt hatten, nach Robben Island verbannt. Der Xhosa-Prophet Nxele ertrank bei dem Versuch, von der Insel zu fliehen.

Inzwischen hatten schon längst die Briten das Regiment am Kap übernommen. Sie hatten Erleichterungen eingeführt, trugen zur schrittweisen Liberalisierung der Gesellschaft bei. Nur Robben Island tasteten sie nicht an. Es kam ihnen wie gerufen. Und als wollten sie den Status der Insel als Ort der Ausgestoßenen noch betonen, schickten sie ab 1846 auch Leprakranke, Geisteskranke und chronisch Kranke auf den kleinen Flecken Erde. Erstmals auch Frauen.

Erst in den dreißiger Jahren des 20. Jahrhunderts änderte sich das Leben auf der Insel. Die Gefangenen verschwanden, statt ihrer etablierte sich das Militär. Während des Zweiten Weltkriegs sollten massive Artilleriestellungen Kapstadt vor einem eventuellen Angriff der Japaner schützen.

Doch schon ab den frühen Sechzigern nutzte die Regierung in Pretoria Robben Island wieder auf die herkömmliche Weise. Die Häftlinge mussten ihr eigenes Hochsicherheitsgefängnis bauen und Schwerarbeit leisten.

1964 erreichte der Transport mit Nelson Mandela die Insel. Achtzehn Jahre sollte er sie nicht wieder verlassen. Diese achtzehn Jahre sind ein südafrikanisches Mysterium. Denn die inhaftierten Männer ließen sich nicht brechen, vielmehr wurde Robben Island zur Universität des Widerstands. Hier fand sich die Elite im Kampf gegen die Apartheid. Hier wurde letztendlich das geistige Fundament des neuen Südafrikas gelegt.

Die Fähre nach Robben Island legt am Fish Quay in der Victoria & Alfred Waterfront ab. Direkt beim Robben Island Museum neben dem Uhrturm. Ursprünglich wurden die Besucher mit dem alten Gefängniskutter »Dias« transportiert. Aus Kapazitätsgründen hat die Verwaltung ihn außer Dienst gestellt.

Man verlässt den Hafen, lässt die bunte Welt der Waterfront hinter sich und wartet. Man wartet auf eine Insel des Schreckens. Dann aber taucht eine liebliche Insel auf. Mit einem weißen Kirchturm. Mit einem Leuchtturm. Mit kleinen Häusern. Ein Spielzeugland, das man eher im hohen Norden vermutet, als vor der Küste Afrikas.

Die Besucher stehen an Bord und schauen. Schauen auf die Insel, lassen Fotoapparate klicken. Schauen einander an. Manche scheinen sich zu fragen, ob sie auf dem richtigen Dampfer sind. Dann legt das Schiff an, die Besucher werden in zwei Gruppen aufgeteilt und in Busse verfrachtet. Ehemalige Häftlinge führen die Gruppen über die Insel. Sie erzählen von den Bedingungen, von der Hitze und dem Staub, von der Kälte und dem Regen. Von den Erniedrigungen, von Prügel und Gebrüll, Beschimpfungen und Strafen. Sie erzählen von Alpträumen und den kleinen Triumphen der Gefangenen. Sie erzählen auch davon, dass es Wärter gab, die im Laufe der Zeit Verständnis für die Häftlinge und ihre politischen Forderungen entwickelten. Die blieben nicht lange auf der Insel. Und es gab die sadistischen Wärter. Die die Ankömmlinge mit der Ankündigung empfingen, sie würden die Insel niemals wieder lebend verlassen.

Dennoch sprechen die Führer an den Besuchern vorbei. Die erwarten hier, endlich, die Fratze des Apartheidregimes zu sehen, seine abgrundtiefe Unmenschlichkeit. Was sie zu sehen bekommen, ist indes nur Monotonie hinter Mauern. Nichts Spektakuläres.

Es hätte anders kommen können. Kaum waren nach den letzten politischen Häftlingen auch die letzten Strafgefangenen von der Insel weggebracht worden, wucherten Ideen, was man alles aus der Insel machen könnte. Ein nationales Mahnmal forderten die einen. Andere überlegten, ob man die Insel nicht doch als Gefängnis weiterführen sollte, angesichts der gestiegenen Kriminalität und der überfüllten Haftanstalten. Ein Namenswechsel wurde ventiliert, um auf die Leiden der Xhosa hinzuweisen. Und schon gar nicht fehlte es an Plänen für Hotelanlagen und Hubschrauberlandeplätze, an Plänen für ein regelrechtes »Prison-Land« nach dem Motto: »Verbringen Sie eine Nacht in der Zelle Nelson Mandelas.«

Die Geschäftemacher sind nicht zum Zug gekommen. Der Name blieb gleich. Die ehemaligen Gefangenen, allen voran Nelson Mandela, haben sich durchgesetzt. Die Insel liegt nach wie vor weitgehend abgeschieden in der Bucht, kann jeden Tag nur von einer limitierten wiewohl steigenden Anzahl Besucher aufgesucht werden.

Robben Island ist ein »National Monument«, ein stilles Mahnmal. Man sollte erst ein Buch lesen, eines der vielen, die von ehemaligen Häftlingen geschrieben worden sind, bevor man nach Robben Island übersetzt. Dann erkennt man die Perfidie in der Idylle etwas besser. Verstehen wird man sie freilich nie. Nicht als Besucher.

Gib dem Affen keinen Zucker

Die wilden Streiche der Paviane am Kap. Und wie man versucht, sie unter Kontrolle zu halten

Mike sitzt in seinem Haus in Kommetjie und arbeitet an einem Pavian. Der soll sein nächstes Prunkstück werden. Für die Puppentheateraufführungen. Noch konzentriert sich sein ganzer Stolz auf seinen Blauwal. Eineinhalb Meter misst der, kann Wasser spritzen, das Maul öffnen und seine Barten zeigen. Damit sich die Kinder am Kap früh genug der Wichtigkeit ökologischen Denkens bewusst werden.

Früher einmal hat Mike als Journalist gearbeitet. Das ist lange her. Sehr lange. Noch zu Zeiten der Apartheid. Der Druck und das Misstrauen selbst gegenüber dem Kollegen, der ihm am Tisch gegenübersaß, sagt er, hätten ihn beinahe gebrochen. »Ich wusste doch nie, ob der nicht ein Spitzel der Regierung ist«, klagt Mike. Also hat er alles hingeschmissen. Hat Kapstadt verlassen, sich in dem kleinen Kommetjie an der Atlantikküste mit Frau und Kindern niedergelassen und beschlossen, fürderhin sein Leben ganz und gar dem Einklang mit der Natur zu widmen. Und Schluss mit der Politik.

»Der Pavian«, murmelt Mike, »ich glaube, ich weiß, was der Pavian alles können wird. Er wird pissen können. Und scheißen.« Das, was Paviane unter anderem so tun. Und ein nettes Stück, sagt er, wird ihm auch noch einfallen, in dem der Pavian dann seinen großen Auftritt vor den Kindern hat.

Als ob die Kinder in Kommetjie einen Puppenpavian benötigten. Ihre Chancen, die Affen zu sehen, stehen gut. Sehr gut, denn die Tiere machen schon mal Hausbesuche. Sie entern die Mülltonnen, sie marodieren in den Gärten. Manchmal, sagt Mike, warten sie sogar ab, bis niemand mehr im Haus ist, dann dringen sie ein. So mancher Bewohner der Vororte hat nach einem solchen Überfall entnervt alles aufgegeben. Das Haus am Meer, die Ruhe, die Idylle. Die Stadt mag manchmal aufreibend sein, dafür besteht keine Gefahr, sich im Wohnzimmer einem großen Pavian gegenüber zu sehen.

»Jane, unserer Nachbarin, ist so etwas passiert. Sie fuhr einkaufen, als sie nach Hause kam, saß eine ganze Affenhorde im Haus. Die Küche, zerstört. Das Wohnzimmer, zerstört. Und sie konnte nichts machen. Nur warten, bis die Tiere wieder abzogen«, erinnert sich Mike. Er erinnert sich auch daran, dass Jane daraufhin einen Nervenzusammenbruch hatte. Seither hasst Jane die Paviane.

Auf der Kaphalbinsel tobt ein – weitgehend – stiller Kampf um die Paviane. Die einen wollen keine Paviane mehr. Nicht in der näheren Umgebung und schon gar nicht im Haus. Die anderen wollen, dass die Paviane ungestört leben können. Auf der Kaphalbinsel, wo sie schon länger leben als die Menschen.

Das Pech der Paviane ist, dass sie inzwischen nur noch knapp zweihundertfünfzig Köpfe zählen. Die Anzahl der Menschen hingegen geht in die Millionen, und die Kaphalbinsel ist eine beliebte Wohngegend. Es ist also ein ungleicher Kampf. Zumal die Menschen Gewehre haben und bereit sind, sie einzusetzen.

Immer wieder fallen Paviane gezielten Schüssen zum Opfer. Ende der neunziger Jahre zum Beispiel entdeckten Tierschützer in der Nähe von Scarborough die Leiche eines Pavians, eines mächtigen Männchens und Hordenführers. Sorgfältig an einem Treffpunkt der Affenhorde drapiert. Als Zeichen an die Tiere, dass es von nun an und von hier weg für sie gefährlich wird. Lebensgefährlich.

Paviane sind kluge Tiere. Sie meiden das Gebiet. Wenigstens für einige Zeit. Bis die Mülltonnen wieder zu verlockend werden.

Die Tierschützer begruben den Affen und erstatteten Anzeige gegen Unbekannt. Die Nachforschungen der Polizei verliefen schnell im Sand. Niemand wollte einen Schuss gehört haben, niemand sich vorstellen können, wer zu so einer Tat fähig wäre. Insgeheim atmeten sie auf. Der tote Pavian bedeutete ein paar Tage Ruhe.

»Wolly«, sagt Mike, während er sich Skizzen zum Pavian macht, »Wolly hätte sofort herausgefunden, wer die Täter waren.«

Wolly?

»Wolly! Der Mann konnte mit den Pavianen sprechen. Ich meine, nicht direkt. Aber er konnte mit ihnen kommunizieren. Er ist mit ihren Horden durch die Berge gezogen, er hat mit ihnen am Strand nach Nahrung gesucht. Sie haben ihn respektiert. Er war einer von ihnen.«

Aber Wolly ist nicht mehr am Kap. Zu viele Menschen, hat er gesagt. Und hat sich auf den Weg in den Busch gemacht. Dorthin, wo es nur wenige Menschen gibt, nicht so wie hier am Kap. Wolly also ist nicht mehr da, er kann keine Täter überführen, er kann die Paviane nicht mehr beschützen. Dabei wollte er genau das, sagt Mike: »Wolly hat die Affen geliebt. Er hätte für sie beinahe alles auf sich genommen«.

Wenn Wolly kam, erinnert sich Mike, wenn Wolly für einen seiner eher seltenen Besuch nach Kommetjie kam, dann war das ein Ereignis. Für Mike und die anderen Tierschützer vor Ort. »Der saß nur da und redete nichts. Zumindest nicht viel. Außer, wenn du ihn über Paviane befragt hast. Oder über andere Tiere. Wolly, der kannte sich aus.«

Dafür hat er Nachfolger gefunden. Thembele Janties zum Beispiel. Thembele ist ein *Baboon Monitor*, ein Pavian-Überwacher. Sein Einsatzgebiet ist jenes von Da Gama Park, unweit von Kommetjie. Bezahlt wird er vom Baboon Management Team, einem Kollektiv, zu dem sich Regierungs- wie Nichtregierungs-Organisationen zusammengeschlossen haben. Um die Affen vor sich selbst und vor den Menschen zu schützen.

Also begleitet Thembele seine Horde. Er weiß, wann die Müllabfuhr kommt. Dann kommen auch die Affen, ziehen durch die Straßen und hinterlassen eine Spur der Verwüstung. Wenn nicht Thembele rechtzeitig zur Stelle ist. Thembele hüpft und schreit und pfeift. Das soll die Paviane wieder vertreiben. Manchmal ist er erfolgreich. Manchmal nicht.

Thembele schützt nicht nur die Mülltonnen. Er begleitet seine Horde. Jeden Tag. Um sie vor Plünderungen in den Siedlungen abzuhalten. »In der Früh suchen wir die Affen bei ihren Schlafplätzen, dann schließen wir uns der Gruppe an. So gut es geht. Kommen sie den Häusern zu nahe, treiben wir sie zurück«, erklärt er die Arbeit des Teams.

Zehn Horden werden so überwacht. Mit Erfolg. Die Zahl der Plünderungen ging zurück, ebenso die Zahl der von Menschen verwundeten oder getöteten Paviane. Selbst bei den Bewohnern sind die *Baboon Monitor* beliebt, ihr Erfolg verspricht Ruhe.

Dennoch ist die Zukunft des Teams unsicher. Es mangelt an Geld. Wie immer. Die Regierung, so hoffen die Mitarbeiter, soll einspringen. Mit dreieinhalb Millionen Rand aus dem Topf für Armutsbekämpfung. Schließlich werden durch das Projekt neue Arbeitsplätze für Arbeitslose aus den Townships geschaffen. Einstweilen kommt durch Touristenführungen, bei denen die Tiere aus nächster Nähe beobachtet werden können, wenigstens ein wenig – wenn auch zu wenig – Geld in die Kassa.

Für Thembele Janties haben sich die Pavianpatrouillen dennoch bezahlt gemacht. Er ist abgeworben worden. Von der Verwaltung des Nationalparks. »Ich hoffe nur, dass jemand meinen Posten übernehmen kann. Wenn sie nicht überwacht werden, bedeutet das ihr Ende«, fürchtet er.

Dabei zählen die Affen mit zu den Gründen, weswegen die Touristen so gerne an das Kap fahren. Wenngleich es ausgerechnet die Touristen sind, die die strikte Aufforderung, die Affen nicht zu füttern, gerne ignorieren und sie so erst recht zu Problemaffen werden lassen. Mittlerweile sind an bestimmten Plätzen am Cape Point dezidierte Picknickverbote ausgesprochen worden. Die Gefahr, dass die Paviane über die Menschen herfallen und sich ihrer Nahrungsmittel bemächtigen, ist zu groß.

»Wir müssen ein anderes Bewusstsein entwickeln«, sagt Mike. »Wir müssen lernen, den engen Raum zu teilen. Wir als Menschen müssen uns auf die Affen einstellen. Umgekehrt geht das nicht.« Deswegen sein Puppentheater. Um den lieben Kleinen beizeiten beizubringen, dass die Paviane wichtig sind. Dass sie Tiere mit einem hoch entwickelten Kommunikations- und Sozialverhalten sind. Dass sie einen berechtigten Anspruch auf einen Platz am Kap haben. Dort, wo es sie noch wild gibt.

Sein Haus zählt nicht dazu. Leider kann Mike das den Pavianen nicht auf ihre Art und Weise klarmachen. Er ist kein Wolly. Der hätte das vielleicht gekonnt. Deswegen kann Mike seine Mülltonnen nun verriegeln. Die Fenster sind vergittert.

Selbst einen Hochdruck-Gartenschlauch hat er sich zugelegt. Um die Affen im Fall des Falles mit gezielten Wasserattacken zu vertreiben. Niedlich sind die Paviane nur in seinem Puppentheater. Das weiß Mike.

Fynbos, Crayfish und Perlemoen

Kleines Brevier der Kapflora und -fauna

Crayfish, der: das mit Sicherheit meist politisierte Krustentier in den Gewässern des Kaps. Die Delikatesse drohte so sehr überfischt zu werden, dass strenge Fangquoten eingeführt wurden. Im Lauf der letzten Jahrzehnte gingen diese Quoten freilich überwiegend an die großen Fischereibetriebe über. Wer als Fischer Crayfish fängt, muss seinen Fang an diese abtreten. Zu einem wesentlich geringeren Preis, als er ihn auf dem freien Markt erzielen könnte. Zusätzlich können Private auch Genehmigungen zum Fang erhalten, sind jedoch an Mindestgrößen der Tiere und an bestimmte Fangzeiten gebunden. Reisende finden den Crayfish am ehesten auf dem Teller vor.

Dassie, der: im Deutschen als Klipschliefer bekannt. Die kleinen Dassies leben in Kolonien. Ihr Habitat sind vorzugsweise Hügel und Felsen. In Kapstadt ist es der Tafelberg. Sie zeichnen sich durch exzellente Kletterfähigkeiten aus. Naht Gefahr, warnen sie einander durch hohe, schrille Laute, und ziehen sich wieselflink in ihre Lager zwischen den Felsen zurück. Dassies waren – und sind – für ihr wohlschmeckendes Fleisch bekannt. Ihr Urin (*Dassie Pis*) findet in der Volksmedizin Anwendung. Der nächste Verwandte im Tierreich ist der Elefant.

Delphin, der: kann entlang der Kapküste immer wieder bei seinen Fähigkeiten des Synchronschwimmens und Surfens in der Brandung beobachtet werden. Ruft bei vielen Touristen spitze Schreie des Entzückens aus.

Eichhörnchen, das: Die in Kapstadt und bis in die Hottentots Mountains vorkommende Art stammt aus den USA. Sie wurden von Cecil John Rhodes freigesetzt und haben erfolgreich ihre afrikanischen Verwandten verdrängt. Umweltschützern gelten sie als Ärgernis.

Rooikrans, der: aus Australien eingeschleppter, rasch wachsender Baum, der durch seine tiefen Wurzeln allen umwachsenden Pflanzen das Wasser entzieht. Der Rooikrans übersteht auch Buschbrände problemlos, und zieht aus ihnen durch noch schnellere Verbreitung Nutzen. Allen Versuchen seine Ausbreitung einzudämmen zum Trotz.

Fynbos, der: ein Erikagewächs, das am Kap und in der Provinz Western Cape alle anderen Pflanzen an Vielfalt und Variantenreichtum übertrifft. Am Cape Point fährt man teils durch regelrechte Fynbos-Alleen. Sechstausend Fynbos-Arten, darunter die bekannten Proteen, wachsen am Kap. Die größte Gefahr droht ihnen durch die fortschreitende Siedlungstätigkeit sowie durch das Vordringen fremder Pflanzen wie des Rooikrans.

Hai, der: In den kühlen Gewässern des Atlantiks

und in den Kelpwäldern der Küste finden die großen Knorpelfische an sich perfekte Lebensbedingungen. Dennoch ist ihr Bestand, vor allem der des Weißen Hais, akut bedroht, da sie überfischt werden. Die Gefahr, vor Kapstadt von einem Hai attackiert zu werden, ist verschwindend gering. Haie, zumal die Weißen, können von Tauchkäfigen aus beobachtet werden.

Perlemoen, die: auch als Abalone oder als Seeohren bekannte Meeresschnecke. Begehrt als Delikatesse, aber auch als Aphrodisiakum in China. Seit den siebziger Jahren des 20. Jahrhunderts ist der Fang durch Quoten kontingentiert. Dennoch boomt der illegale Handel mit den Weichtieren. Während ein Fischer bis zu vierhundert Rand pro Kilogramm erhält, wird es auf dem Schwarzmarkt in Fernost viermal so teuer gehandelt. Zwischen Hermanus und Gansbaai toben regelrechte Bandenkriege um die Fanggebiete. Inzwischen sind die Molusken in einigen Gegenden bereits ausgerottet.

Pinguin, afrikanischer, der: Dank des kalten Atlantikwassers haben sich an der Südküste Afrikas Pinguine angesiedelt. Die früher auch als Jackass-Pinguine bekannten Schwimmvögel sind klein, wirken putzig und fallen durch ihr ohrenbetäubendes Geschrei sowie durch ihren extrem stark riechenden Kot auf. In hoher Konzentration sind sie am Boulders Beach in Simonstown und auf Robben Island zu finden. Die Pinguine sind überaus standorttreue Vögel. Als 1990 nach dem

Schiffbruch eines Erdöltankers vor Kapstadt Hunderte nach der Reinigung ihres Gefieders im siebenhundert Kilometer östlich gelegenen Port Elizabeth ausgesetzt wurden, schwammen sie in Rekordzeit nach Kapstadt zurück. Für die beteiligten Wissenschafter ein Ereignis der Sonderklasse. Wie bei den Pavianen gilt, dass die Pinguine auf jeden Fall in Ruhe gelassen werden müssen. Zudringlichen Touristen droht zum einen ein Bußgeldbescheid, zum anderen wissen sich die Vögel zu wehren. Und ihr Schnabel ist hart. Sehr hart und spitz. Oder aber es kommt der pensionierte Marine Offizier HW van der Merwe zum Einsatz, der am Boulders Beach mit einem dicken Stecken bewaffnet die Pinguine bewacht.

Küchenschabe, die: Allgemein wird versichert, dass die Kapvariante der Küchenschabe bei weitem nicht die Größe ihrer Verwandten aus Durban erreicht. Ihre Zahl erreichen sie dennoch mit Leichtigkeit. Küchenschaben kommen in vielen Häusern in Küchen und Badezimmern vor.

Perlhuhn, das: Das elegant wirkende, wohlschmeckende indes leider schrille Federvieh kann lebend in Constantia und den oberen Bereichen von Camps Bay sowie als Zeichnung auf T-Shirts und als Nippes aus Draht, Stein oder Holz auf dem Greenmarket Square gefunden werden.

Seehund, der: Große Kolonien des Cape Fur Seals

sind auf den Inseln Seal Island und Duiker Island in der False Bay und in Hout Bay zu finden, wo man mit einem Kutter hinfahren kann. Einige Exemplare haben sich aber auch in den Becken der Victoria & Alfred Waterfront angesiedelt, dort kann man sie beobachten und ihnen bei ihren Kunststücken oder beim genüsslichen Dösen in der Sonne zusehen.

Seemöwe, die: trägt durch ihre Schreie ganz wesentlich zur Geräuschkulisse der Stadt bei. Und erinnert dadurch auch in den dem Ozean ferneren Gegenden die *Capetonians* daran, dass Kapstadt eine Hafenstadt ist.

Thar, der: wieder ein Fremdling. Der Thar ist eine Bergziege, die aus dem Himalaya stammt. Die Exemplare am Tafelberg, Devil's Preak und den Zwölf Aposteln stammen von sechs Tieren ab, die in den dreißiger Jahren des 20. Jahrhunderts aus Rhode's Estate entkommen sind. Mittlerweile beträgt ihre Zahl weit über fünfhundert. An sich stellen die Tiere für die lokale Fauna keine Gefahr dar, wohl aber für die Flora. Die Tahrs reißen – wie alle Ziegen – die Pflanzen regelrecht aus dem Boden. So tragen sie zur Bodenerosion bei. Durch ein gezieltes Abschussprogramm soll ihre Population und damit der Schaden in einem erträglichen Rahmen gehalten werden.

Wal, der: Im späten Winter und frühen Frühling besteht die beste Chance, am Kap ganzer Glattwalherden ansichtig zu werden. Dann ziehen die bis zu vierzehn Meter langen Meeressäuger hierher um zu kalben. Als der unumstritten beste Platz zur Walbeobachtung gilt Hermanus, wo die Tiere bis in unmittelbare Nähe der Küste kommen.

Wo der Wein wächst

Wie sich das neue Südafrika auf die Winzer auswirkt

»Schmeckst du die Kirschen?« Sophie Barnard stellt ihr Weinglas ab. »Das ist ein Meerlust Rubicon. Einer meiner Favoriten.« Wenn Sophie das sagt, dann hat das Gewicht. Sie betreibt seit Jahren Restaurants und Hotels. Meist im Auftrag anderer. Aber sie führt sie, als gehörten sie ihr. Sie führt sie an die Spitze der Besten. Einerlei ob am Kap oder in der Nähe von Johannesburg. Am liebsten freilich in der Weinstadt Paarl, knapp eine Stunde Autofahrt von Kapstadt entfernt.

Dort ist sie aufgewachsen. »Ich bin eine Afrikaanerin, eine Burin«, sagt sie. »Und das Beste, was uns passieren konnte, war das Neue Südafrika. Seither sind unsere Weine noch besser geworden. Einzigartig.«

Meerlust, La Motte, Simonsig, Buitenverwachting, Delheim, Fairview, Kanonkop, Vergelegen, Zonnebloem, Backsberg, Stellenzicht und Boschendal. Das ist nur ein kleiner, ein winziger Auszug aus jener Liste südafrikanischer Weingüter, die einen guten Namen haben. Und Jahr für Jahr kommen weitere hinzu. Junge, bisher unbekannte Namen.

»Dieses Klima hier, der Ozean, die Berge, die Hügel, die Böden, die Sonne, das ist die eine Grundvoraussetzung«, meint Sophie leichthin, aber doch mit einem Anflug von Stolz und Zufriedenheit in ihrer Stimme. Die Gegenden, die nicht direkt am Atlantik liegen, die geschützt sind vor den rauen Winden, die von der See gegen das Land stürmen, sind tatsächlich perfekt geeignet. Das beginnt schon an den Abhängen des Tafelbergs, bei Groot Constantia, also in Kapstadt, und zieht sich dann Kilometer um Kilometer über Paarl, Stellenbosch und Franschhoek nach Norden und Westen hin. Bis zu den Bergketten, hinter denen die Karoo beginnt. Die karge Hochebene, die sich über Hunderte Kilometer erstreckt und die fast ausschließlich den Schafzüchtern und ihren Herden vorbehalten ist.

Bevor man sich also über die Gebirgspässe hinaufwindet, durchquert man die Weinregion. Die »Winelands«, wie sie genannt werden.

Altes Kulturland. Als Kapstadt noch nicht mehr war als ein Marktflecken mit Hafen, nicht eben ansehnlich, aber notwendig, da zog, wer es sich leisten konnte, schon in das Hinterland. Um als Bauer die Felder zu bestellen. Um Weinstöcke zu setzen und den Traubensaft zu keltern. Und um sich prachtvolle Gehöfte zu bauen. Landsitze eigentlich.

Das trägt heute ganz erheblich zum Vergnügen bei, die verschiedenen Weinstraßen von Paarl, Stellenbosch und Franschhoek abzufahren. Die Zufahrtsstraßen zu weißen Toren, die alten Alleen, die Nebengebäude, die Haupthäuser, in Weiß, mit einem geschwungenen Giebel, die Gärten, oft übervoll von Rosen und Blumen.

Und die Weinkeller. Dunkle Gemäuer, in denen der Wein langsam heranreift; in denen die Zeit stehen zu bleiben scheint.

Etwa in Groot Constantia. Da schreitet man (gehen verbietet sich geradezu) durch eine Allee, auf das Ensemble aus Gebäuden zu, erhascht da und dort einen Blick über die Weingärten. Und hört nichts anderes als den Wind, der durch die Baumkronen fährt, und Vögel.

Dann setzt man sich, bestellt ein Glas Sauvignon und vergisst alles rund um sich. Sieht nur noch die Architektur und die Pflanzenpracht und wünscht sich insgeheim, dass es mehr solcher Orte geben sollte. In Österreich vielleicht.

Aber das ist ein Ding der Unmöglichkeit, denn dort ist eine andere Welt. Eine, die andere Vorzüge in sich birgt. Also ist man es denn doch zufrieden. Und dankt im Stillen dem Gouverneur Simon van der Stel, der Groot Constantia hat erbauen lassen, der hugenottische Flüchtlinge in der Kapregion ansiedelte, die den Weinanbau erst auf Vordermann gebracht haben.

Die Anfänge, die waren kläglich. Da pflanzte der unvermeidliche Jan van Riebeeck im Auftrag der Ostindien Kompanie die ersten Weinstöcke an der Mauer des Kastells. Doch was aus den Trauben gewonnen wurde, das war, so die Überlieferungen, gerade gut genug, Zahnausfall durch Skorbut bei Seeleuten zu verhindern. In anderen Gegenden der Welt hätte man damit wohl Mörtel angerührt.

Das war die eigentliche Aufgabe des Weins am

Kap, die Schiffsbesatzungen gesundheitlich aufzupäppeln. Van der Stel aber, der war ein Grandsigneur (dass es keine Portraits von ihm gibt, mag damit zusammenhängen, dass er ein *Coloured* war, der Sohn eines Niederländers mit einer Indonesierin, ein Umstand, der später tunlichst unter den Teppich gekehrt wurde). Einer, der wusste, wie man am Kap leben kann.

Er war der Vorreiter. Was immer es noch an nam- und zauberhaften Gehöften geben mag, der Ursprung liegt in Groot Constantia. So wie auch die Weinkultur genau genommen hier ihren Ursprung hat.

»Wir sind hier in der Küstenregion«, erklärt Sophie versonnen. Sie sitzt im Garten des Pontac Manor in Paarl. »Sonnenreiche Sommer, Regen im Winter und kühle Brisen vom Meer her. Das tut den Rebstöcken gut. Dazu Böden, die mal sandig sind, dann wieder lehmig, kalkreiche Böden und solche, die aus fetter, reicher Erde bestehen. Deswegen kann bisweilen direkt neben Shiraz auch Chardonnay angebaut werden. Wir sind hier nicht nur auf Rot oder Weiß beschränkt, wir haben die Voraussetzungen für beide.«

Die Küstenregion ist nicht die einzige Weingegend. Tiefer im Land befinden sich die Regionen Swellendam, Tulbagh, Robertson, Worcester und die Klein Karoo. Selbst am Orange River und am Olifants River wird Wein gekeltert. »Wenn aber von dem südafrikanischen Wein die Rede ist«, beharrt Sophie, »dann kommt er von hier. Hier ist sein Herzland.«

Napoleon soll nach Weinen vom Kap verlangt haben, um sein Exil auf St. Helena leichter ertragen zu können. Ludwig XVI., Louis Phillipe, Bismarck und Queen Victoria, sie alle schätzten die Weine aus dem Hinterland Kapstadts.

Und dann war lange Zeit nichts mehr zu hören von ihnen. »Das war die Zeit der großen Kooperativen, vor allem der KWV, die fast alle Trauben aufgekauft und gekeltert haben.« Sophie macht ein betrübtes Gesicht. »Das war auch die Zeit, in der wir abgeschnitten waren vom Rest der Welt. Was wussten wir denn schon von Qualität, von dem, was sich andernorts getan hat. Hier war man mit wenig Aufwand schnell ein König. In jeder Hinsicht.«

Dann wechselt sie das Thema. »Kennst du das Taal-Monument in Paarl? Das Denkmal für das Afrikaans? Es ist vielleicht ein wenig übertrieben, aber in einer Sache hat es Recht: Unsere Sprache hat ihre Wurzeln zwar in Europa, aber es ist eine afrikanische Sprache. So wie wir Afrikaner sind. Wir sind mit diesem Kontinent und diesem Land so sehr verbunden wie die Xhosa oder die Zulu. Wo sonst könnten wir hin?«

Dann blickt sie wieder über die Weingärten. Auf die nahen Drakensteinberge, deren Gipfel im Winter manchmal ganz leicht von Schnee bedeckt sind, wie angezuckert. Letztlich sei es die Liebe der Buren zu dem Land gewesen, auch und gerade zu diesem Stück Land hier, zu den Weingütern, zu den alten Ortschaften, zu den Straßen und der Architektur, die sie dazu gebracht hat, Verhandlungen mit dem ANC aufzunehmen. »Wir lieben dieses Land ebenso sehr wie Nelson Mandela oder Desmond Tutu. Wir wollen ihm nichts Schlechtes. Und um das, was wir haben und fühlen, um das, was uns wirklich am Herzen liegt, bewahren zu können, haben wir uns ändern müssen. Haben wir alles ändern müssen.«

Es mag Zufall sein, aber zu der Zeit, als die ersten vorsichtigen Versuche der Apartheid-Regierung unternommen werden, mit Mandela ins Gespräch zu kommen, als sich in den maßgeblichen Kreisen die Einsicht durchsetzt, dass man das Undenkbare denken und wagen müsse, zu dieser Zeit beginnt in Stellenbosch, in Paarl und Franschhoek eine Renaissance des Weinanbaus.

Anstatt auf Quantität wird nun auf Qualität gesetzt. Mehr und mehr Winzer verlassen die Kooperativen, arbeiten auf eigene Faust und Rechnung, beginnen sich international zu orientieren. Als Nelson Mandela sein Amt als erster frei und demokratisch gewählter Präsident antritt, sorgen die südafrikanischen Weine in Europa und den USA wieder für Aufsehen. Innerhalb kürzester Zeit werden sie von Experten als die besten Weine aus der so genannten Neuen Welt bezeichnet.

»Winzer sind Menschen mit einem feinen Gespür. Sie haben ein gutes Sensorium für Entwicklungen«, analysiert Sophie. Vielleicht haben sie etwas geahnt, als noch niemand etwas ahnen konnte. Sophie hält das für möglich.

»Jetzt beginnt sich die Spreu vom Weizen zu trennen«, befindet sie. Die Spreu, das sind jene

Weine, die nicht so recht an das Kap passen. »Stell dir vor, du trinkst einen süßen Weißen, der ›Spatzendreck‹ heißt. Ich habe mir übersetzen lassen, was das bedeutet. Das verschwindet langsam, aber sicher. Statt dessen wird mehr und mehr auf jene Reb- und Weinsorten geachtet, die uns entsprechen und nicht unseren europäischen Vorfahren.«

Bei den Roten haben sich der Shiraz, vor allem aber der Cabernet Sauvignon etabliert. Letzterer ist der beste Rote am Kap, sagt Sophie. Ganz generell betrachtet. Auf dem sollte weiter aufgebaut werden. Und auf Pinotage, ein Hybrid aus Pinot Noir und Hermitage. Pinotage, das ist echt Kap. Hier entstanden. Hier zur Reife gebracht. Sanft, weich, voller Zwischentöne von Pflaumen und Beeren. Und er darf, er soll, er muss altern. Es sind die Rotweine, über die sich Südafrikas Winzer international definieren.

»Die Weißen«, so Sophie, »die sind gut, können international aber nicht mit den Besten mithalten. Aber die Sauvignon Blancs und die Chardonnays, die sind schon bemerkenswert. Manchmal schmeckt man die Tropen aus ihnen heraus, das pfeffrige und das würzig-erfrischende Element.

Mit der Zeit kommen jetzt auch die jungen Winzer, die zu wieder anderen Ufern aufbrechen werden. Es gibt auch schon schwarze Winzer, die wieder mit einem anderen Hintergrund und anderen Ansprüchen an den Wein herangehen. Es bleibt spannend. Oder vielleicht wird es auch erst spannend.«

Wo immer sich die Weine hin entwickeln werden, eines, da ist sich Sophie ganz sicher, wird bleiben. »Das ist der Zauber der Landschaft. Wenn du durch die Ortschaften fährst, vorbei an den weiß getünchten Häusern, an alten Bäumen. Hin zu den Weingütern, nach Boschendal, um zu picknicken. Oder zu Delheim, um die Aussicht von der Terrasse zu genießen. Oder nach Vergelegen. Das ist schon von seiner Architektur her ein Traum. Oder steh in aller Früh auf und spaziere durch Stellenbosch, wenn noch niemand unterwegs ist. Oder sei zur Jacarandablüte in Paarl. Das hier ist eine alte Kulturlandschaft, die man genießen kann und soll.«

Die Landschaft mag sich nicht ändern, sagt Sophie. Sie wird immer von den Bauten im kapholländischen Stil geprägt sein, aber es wird eine dynamische Gegend sein. Eine, die bereit ist, sich zu verändern. »Jeder Winzer weiß, dass er auf der Tradition von Generationen aufbaut, aber letztlich weiß er auch, dass er nicht stehen bleiben darf. Das spricht für die Weine wie für das Land.« In den Weinen, sagt Sophie, in den Weinen spiegelt sich das Land wieder. In all seiner Vielfalt.